世纪高等教育会计通用教材

国优秀畅销书

级精品课程配套教材

家级特色专业

级重点学科

会计学原理课程实验

四版

uaijixue Yuanli Kecheng Shiyan

志康 梁媛媛 编著

东北财经大学出版社
Dongbei University of Finance & Economics Press
大连

图书在版编目（CIP）数据

会计学原理课程实验 / 张志康，梁媛媛编著．—4版．—大连：东北财经大学出版社，2018.2（2019.1重印）
（21世纪高等教育会计通用教材）
ISBN 978-7-5654-2963-7

Ⅰ．会… Ⅱ．①张… ②梁… Ⅲ．会计学-高等职业教育-教材学校汉、英 Ⅳ．F230

中国版本图书馆CIP数据核字（2018）第027687号

东北财经大学出版社出版
（大连市黑石礁尖山街217号 邮政编码 116025）
网 址：http：//www.dufep.cn
读者信箱：dufep@dufe.edu.cn
大连图腾彩色印刷有限公司印刷 东北财经大学出版社发行

幅面尺寸：285mm×205mm 字数：423千字 印张：20.25 插页：6
2018年2月第4版 2019年1月第19次印刷

责任编辑：李智慧 李 栋 责任校对：何 莉
封面设计：冀贵收 版式设计：钟福建

定价：43.00元

教学支持 售后服务 联系电话：（0411）84710309

如有印装质量问题，请联系营销部：（0411）84710711

第四版前言

《会计学原理课程实验》一书是既可与笔者主编、东北财经大学出版社出版的《会计学原理》配套使用，又可单独使用的教学辅助教材，主要供读者在大学“会计学原理”课程教学中开展实验、实训时使用。该书自2015年8月出版第三版以来，由于“营改增”等税收改革给企业若干交易或事项的账务处理方法带来了显著影响，我们对《会计学原理》及与之配套的《会计学原理课程实验》和《会计学原理同步检测》均进行了修订。

此次对《会计学原理课程实验》的修订，在继续保持通用性、适用性、便利性、仿真性特点的同时，主要涉及以下几个方面的内容：

一是修正了实验2、实验6中若干交易或事项的内容及其账务处理方法，较大幅度地增加了“增值税专用发票”“增值税普通发票”等原始凭证，同时还修订了若干原始凭证的格式；

二是进一步完善了实验5、实验6的设计，补充了资产负债表、利润表的内容，修正了资产负债表、利润表的格式、编制要求和编制方法；

三是更新了实验1至实验7中交易或事项发生的时间；

四是修改了前三版在编写、编排方面存在的个别错漏之处。

此次修订任务由张志康、梁媛媛承担，张志康负责实验1至实验5的修订，梁媛媛负责实验6和实验7的修订。在修订过程中，贵阳市南明区国家税务局张雪竹女士给予了热情的帮助，在此特向她表示衷心感谢。

最后，仍然恳请各位同行、专家对我们的工作继续给予关心、帮助、支持和指正。

张志康

2017年10月8日于林城·枫林

第三版前言

《会计学原理课程实验》一书是为满足大学经济、管理类专业“会计学原理”（或“基础会计学”“会计学基础”）课程实验、实训教学要求而编写的配套实验教材。自2009年2月出版至今，由于得到全国数十所兄弟院校师生的厚爱，本书已先后印刷12次。

与此同时，我们也发现《会计学原理课程实验》前两版在编写、编排方面仍有不足，近年来企业对交易或事项的账务处理又有新的变化。正是基于这样的原因，我们对本书进行了修订。

此次修订，除了保持《会计学原理课程实验》所具有的编写上的科学性、合理性和使用上的适用性、便利性特点外，主要修订了以下方面：

第一，尽可能增补了实验2、实验6中各种原始凭证应具备的各种印章，极大地增强了实验的仿真性，有利于促进学生增强对会计核算工作的感性认识；

第二，更新了实验2、实验6中部分交易或事项的内容及账务处理方法；

第三，更新了实验1、实验2、实验3、实验4、实验5、实验6和实验7中交易或事项发生的时间；

第四，修改了前两版在编写、编排方面存在的错漏之处。

此次修订工作由张志康教授负责完成。在修订过程中，贵州财经大学胡北忠教授给予了可贵的支持和帮助。

最后，恳请兄弟院校师生们继续对《会计学原理课程实验》一书给予关注、关心和支持，以使其不断地得到完善。

张志康

2015年7月18日于林城·枫林

第二版前言

《会计学原理课程实验》一书自2009年2月出版至今，短短三年多时间，已先后印刷八次。这样的成果，首先得益于全国数十所兄弟院校师生的厚爱，同时表明《会计学原理课程实验》所具有的编写上的科学性、合理性和使用上的适用性、便利性使其在同类教材中占有明显优势，也充分表明我们在特色专业建设、精品课程建设、课程实验教学及教材建设等方面积极大胆的探求是非常必要的、值得的和令人欣慰的。

为了总结我们在本科教学质量与教学改革工程项目建设中所取得的成果，反映我校教师在长期教学实践与教学改革过程中的思考、心得和经验，彰显我校“会计学原理”课程的教学特色，《会计学原理课程实验》出版发行后，我们又先后编写出版了与之配套的《会计学原理》（东北财经大学出版社2011年版）、《会计学原理同步检测》（东北财经大学出版社2011年版）等教材及教学辅导书。此次对《会计学原理课程实验》进行修订，一方面继续保持了其所具有的鲜明特色，另一方面则是根据与《会计学原理》《会计学原理同步检测》无缝配套的要求，对7个实验进行了全面修订，重点解决了《会计学原理课程实验》与《会计学原理》《会计学原理同步检测》文字表述的一致性等问题。

此次修订由张志康和梁媛媛负责，张志康具体负责实验6和实验7的修订，梁媛媛具体负责实验1至实验5的修订。

最后，在此仍然恳请各位同行、专家对我校“会计学原理”课程的教材建设及其他工作继续给予关注、关心、帮助和支持，以促进其跃上新的、更高的台阶。

张志康

2012年6月28日于贵州财经大学

第一版前言

高等教育肩负着培养高素质专门人才、拔尖创新人才的重要使命。近年来，我国高等教育规模快速发展，质量有了较大的提高，为我国经济与社会的快速、健康和可持续发展以及高等教育自身的改革发展做出了巨大贡献。然而，我国高等教育质量还不能完全适应经济与社会发展的需要。为此，教育部、财政部于2007年年初联合下发了《关于实施高等学校本科教学质量与教学改革工程的意见》，教育部于2007年2月17日下发了《关于进一步深化本科教学改革　全面提高教学质量的意见》，各高等学校纷纷采取具体措施和办法，加大教学投入，强化教学管理，深化教学改革，掀起了新一轮提高教学质量的热潮。

提高教学质量是一项系统工程，固然涉及方方面面，然而深化教学改革，高度重视实践环节，提高学生实践能力、应用能力，无疑是不可忽视的重要方面。因此，开展和加强实验课程教材建设，自然就成为当前高等学校教师面临的一项重要课题。

“会计学原理”（或称为“基础会计学”“会计学基础”）是经济、管理类专业的必修课程和基础课程，是一门主要阐述会计核算基本理论、基本方法和基本技能的重要课程，具有很强的实用性、操作性，其方法性、技术性特点显著。该课程的教学目标应当是使学生在学习和掌握会计基本理论、会计核算方法基本原理的同时，掌握设置会计科目、复式记账、填制和审核会计凭证、登记会计账簿、编制财务会计报告等会计核算方法在会计实务操作中的具体要求和应用，掌握主要账务处理程序的基本内容和要求，从而增强专业学习的后劲，为学生朝着“素质高、后劲足、上手快、适应性强”的高层次应用型人才方向成长打下良好的基础。因此，“会计学原理”课程的教学应当包括课堂理论教学和课程实验（实训）教学两个部分。

我校的会计学专业是2008年经教育部、财政部批准的第三批“高等学校特色专业建设点”，“会计学原理”课程是省级精品课程和校级精品课程。为了建设特色专业，加强“会计学原理”精品课程建设力度，完善其配套教材建设工作，以满足该课程实验（实训）教学的需要，我们编写了这本《会计学原理课程实验》。在编写过程中，我们特别注意把握以下编写要求：

第一，注意尊重“会计学原理”课堂理论教学的内容要求，合理选择、确定实验项目；

第二，注意科学设计每一个实验项目，使实验内容与理论教学内容相辅相成、紧密结合，避免课程实验与理论学习出现“两张皮”的脱节现象；

第三，注意循序渐进安排实验项目，尽力做到单项实验与综合实验的有机统一，促进课程教学目标的顺利实现。

本教材由张志康教授提出编写大纲，经与钱润红、李志益、袁旭、邱静、徐倩、喻洁、廖治宇等老师共同商讨后定稿。教材编写分工为：实验1、实验2中的“实验项目设计”由梁媛媛编写，实验1、实验2、实验7中的“实验预备知识”由张典编写，实验3、实验4、实验5中的“实验项目设计”和实验5中的“实验预备知识”由白晓雨编写，张志康编写其余内容并负责全书总纂。

为了群策群力编好实验教材，我们成立了“贵州财经学院会计、审计、财务管理系列课程实验教材编审委员会”。该委员会的委员胡北忠教授、张勇教授、罗兵教授、聂永刚教授、覃丽华教授和董延安教授、博士对本教材的编写和修改提出了诸多宝贵意见，在此一并致以谢意。

本教材编写完成后，在校内试用了两个学期，反响较好，达到了编写目的和要求。当然，对试用中已发现的问题和不足也已解决和弥补。然而，由于经验和水平欠缺，加之时间仓促，书中错漏在所难免，作者在此恳请同行、专家不吝赐教，促其不断完善。

张志康

2008年12月

目　　录

实验1　原始凭证的填制

第一部分　实验预备知识

一、会计凭证概述

会计凭证是记录经济交易或事项、明确经济责任、据以登记账簿的书面证明。任何企事业单位，每天都要发生大量的经济交易或事项，既有货币资金的收付，又有财产物资的增减变化。为了保证会计核算资料的真实可靠，对每一项经济交易或事项，都必须由办理该项交易或事项的有关人员填制适当的会计凭证，并在凭证上签章，对经济交易或事项的真实性负责，然后由会计人员对凭证的合法性、合理性进行审核。只有审核合格的会计凭证，才能作为记账的依据。没有真凭实据就不能任意收付款项和动用财产物资，也不能进行账务处理，这是会计核算必须遵循的一条基本原则。

填制和审核会计凭证，是会计核算的一种基本方法，是会计核算工作的基础和起点，也是对企业经济活动实施会计监督的重要环节。会计凭证的作用、意义主要体现在四个方面：第一，通过填制凭证，可以正确、及时地反映各项经济交易或事项的发生和完成情况。第二，通过对凭证的审核，可以发挥会计的监督作用。第三，通过凭证的填制和审核，可以加强经营管理上的责任制。第四，会计凭证是登记账簿的依据。

会计凭证多种多样，按其填制的程序和用途分类，可以分为原始凭证和记账凭证两大类。

二、原始凭证的概念

原始凭证，也称单据，它是在经济交易或事项发生时取得或者填制的，用以证明经济交易或事项发生或完成情况，并作为记账原始依据的会计凭证。它是会计核算重要的原始资料。各单位办理会计事项，必须取得或者填制原始凭证，并及时送交会计机构。

三、原始凭证的种类

原始凭证按其取得的来源，可以分为自制原始凭证和外来原始凭证两类。

（一）自制原始凭证

自制原始凭证，是指由本单位内部经办业务的部门或个人，在完成某项经济交易或事项时自行填制的凭证。

自制原始凭证按其填制手续不同，又可分为一次凭证、累计凭证、记账编制凭证和汇总原始凭证四种。

1.一次凭证。一次凭证是指只反映一项经济交易或事项，或者同时反映若干项同类性质的经济交易或事项，其填制手续是一次完成的会计凭证。比如企业购进材料验收入库，由仓库保管员填制的“收料单”；车间或班组向仓库领用材料时填制的“领料单”。

2.累计凭证。累计凭证是指在一定时期内连续记载若干项同类经济交易或事项的会计凭证。这类凭证的填制手续是随着经济交易或事项发生而分次进行的，比如“限额领料单”就是累计凭证。

3.记账编制凭证。在企业自制的各种原始凭证中，一般都是以实际发生或完成的经济交易或事项为依据，由经办人员填制并签章。但有些自制原始凭证则是由会计人员根据账簿记录填制的，称为记账编制凭证，比如月末计算产品生产成本时所编制的“制造费用分配表”。

4.汇总原始凭证。实际工作中，为了集中反映某项经济交易或事项的总括情况，并简化记账凭证的填制工作，往往将一定时期内若干记录同类性质经济交易或事项的原始凭证汇总编制成一张原始凭证，这种凭证称为汇总原始凭证或原始凭证汇总表，如现金收入汇总表、工资发放汇总表、发料凭证汇总表等。汇总原始凭证所汇总的内容，只能是同类经济交易或事项，即：将反映同类经济交易或事项的各原始凭证汇总编制一张汇总原始凭证，不能汇总两类或两类以上的经济交易或事项。汇总原始凭证也属于原始凭证的范畴。

（二）外来原始凭证

外来原始凭证，是指在同外单位发生经济往来关系时，从外单位取得的凭证。外来原始凭证一般都是一次凭证。例如，购买材料、商品时，从供货单位取得的发票就是外来原始凭证。

四、原始凭证的基本内容

无论哪种原始凭证，一般都具有下列基本内容（也称为原始凭证要素）：

1.原始凭证的名称，如发票、收据、领料单等。原始凭证的名称主要用于明确交易或事项的性质。

2.接受凭证的单位名称，在实际工作中也称为“抬头”，主要用于证明交易或事项发生、完成的事实。

3.原始凭证的填列日期和编号，主要用于记录交易或事项发生、完成的时间，明确交易或事项所属的期间。

4.经济业务的主要内容，包括对交易或事项的简要说明，如摘要、用途、实物名称、计量单位、数量、单价等。

5.交易或事项所涉及的大小写金额。

6.填制凭证的单位名称或者填制人姓名以及经办人员的签名或者签章，主要是据以明确经济责任。

有的原始凭证，不但要满足财务会计工作的需要，还要满足生产、计划、统计及其他业务部门的需要，所以在某些自制凭证上还应注明有关生产、计划和统计等方面的资料，如注明计划定额、合同编号等。

五、原始凭证的填制

编制原始凭证，就是将经济交易或事项完成的实际情况，在一定的凭证格式里，按照要求的内容填制。

（一）原始凭证填制的基本要求

原始凭证填制的基本要求有：

1.真实可靠。即如实填列经济交易或事项内容，不弄虚作假，不涂改、挖补，凭证上的日期、经济交易或事项的内容、所有数据必须真实可靠，经办人员和有关部门的负责人都要在凭证上签名、盖章，对凭证的真实性、正确性负责。

2.内容完整。即应该填写的项目要逐项填写，不可缺漏，应注意年、月、日要按填制原始凭证的实际日期填写；名称要齐全，不能简化；品名或用途要填写明确，不能含糊不清；有关人员签章要齐全。

3.书写清楚。即字迹端正，文字工整，易于辨认，不使用未经国务院颁布的简化字，不草、不乱、不串格或串行。

4.填制及时。即当一项经济交易或事项发生或完成时，都要立即填制原始凭证，做到不积压、不误时、不事后补制。

此外，各种凭证都必须连续编号，以备查考，一些事先印好编号的重要凭证作废时，在作废的凭证上应加盖作废戳记，连同存根一起保存，不得随意撕毁。

（二）原始凭证填制的附加要求

1.从外单位取得的原始凭证，必须盖有填制单位的公章；从个人处取得的原始凭证，必须有填制人员的签名或者盖章；自制原始凭证必须有经办部门负责人或其指定的人员的签名或者盖章；对外开出原始凭证，必须加盖本单位的公章。

2.购买实物的原始凭证，必须有验收证明，这有利于明确经济责任，保证账实相符，防止盲目采购，避免物资短缺和流失。

3.发生销货退回及退还货款时，必须填制退货发票，附有退货验收证明和对方单位的收款收据。在实际工作中，有的单位发生销货退回时，对收到的退货没有验收证明，造成退货流失；办理退款时，仅以所开出的红字发票的副本作为本单位退款的原始凭证，既不经过对方单位盖章收讫，也不附对方单位的收款收据。这种做法漏洞很大，容易发生舞弊行为，应予以纠正。

4.一式几联的原始凭证，必须注明各联的用途，并且只能以一联用作报销凭证；一式几联的发票和收据，必须用双面复写纸套写，或本身具备复写功能，并连续编号，作废时应加盖“作废”戳记，连同存根一起保存。

5.经上级有关部门批准的经济交易或事项，应当将批准文件作为原始凭证附件。如果批准文件需要单独归档的，应当在凭证上注明批准机关名称、日期和文件字号。

6.职工公出借款的凭据，必须附在记账凭证之后。在收回借款时，应当另开收据或者退还借款收据副本，不得退还原借款收据。

7.原始凭证记载的各项内容均不得涂改；原始凭证有错误的，应当由出具单位重开或者更正，更正处应当加盖出具单位印章。原始凭证金额有错误的，应当由出具单位重开，不得在原始凭证上更正。

8.阿拉伯数字要逐个填写，不得连笔写。阿拉伯金额数字前面应当书写货币币种符号或者货币名称简写和币种符号。币种符号与金额阿拉伯数字之间不得留有空白。凡阿拉伯数字前写有币种符号的，数字后面不再写货币单位。

9.所有以元为单位（其他货币种类为货币基本单位，下同）的阿拉伯数字，除表示单价等情况外，一律填写到角分；无角分的，角位和分位可写“00”，或者符号“—”；有角无分的，分位应当填写“0”，不得用符号“—”代替。

10.汉字大写数字金额如零、壹、贰、叁、肆、伍、陆、柒、捌、玖、拾、佰、仟、万、亿等，一律用正楷或者行书体书写，不得用○、一、二、三、四、五、六、七、八、九、十等简化字代替，不得任意自造简化字。大写金额数字到元或者角为止的，在“元”或者“角”字之后应当写“整”字或者“正”字；大写金额数字有分的，分字后面不写“整”或者“正”字。

11.额数大写金字前未印有货币名称的，应当加填货币名称，货币名称与金额数字之间不得留有空白。

12.金额阿拉伯数字中间有“0”时，汉字大写金额要写“零”字；阿拉伯数字金额中间连续有几个“0”时，汉字大写金额中可以只写一个“零”字；金额阿拉伯数字元位是“0”，或者数字中间连续有几个“0”、元位也是“0”时，汉字大写金额可以只写一个“零”字，也可以不写“零”字。

六、原始凭证的审核内容

为了保证原始凭证的合法性、合理性、真实性，更有效地发挥会计工作的监督作用，维护财经纪律，对原始凭证必须严格审查。

原始凭证的审查内容有以下三个方面：

1.审核原始凭证的合法性。就是审查原始凭证所反映的经济交易或事项是否符合国家有关方针政策、法令、制度和计划，有无违反财经纪律，不按制度、手续、计划办理的事项；有无扩大成本、费用开支范围的情况，以及是否严格执行经济合同的有关规定，有无不讲经济效果、铺张浪费，甚至虚报冒领、贪污舞弊等不法行为。

2.审核原始凭证的完整性。即审查原始凭证的手续是否完备，应填写的项目是否填写齐全，有关经办人员是否都已签章，是否经过主管人员审批同意等。

3.审核原始凭证的正确性。例如审查文字和数字是否填写清楚，数字计算是否正确，大写与小写金额是否相符等。

七、原始凭证审核结果的处理

原始凭证的审核是一项政策性很强、十分细致和严肃的工作。会计机构和会计人员必须认真执行《中华人民共和国会计法》所赋予的职责、权限，坚守制度、坚持原则，按照国家统一的会计制度的规定对原始凭证进行审核。

会计机构和会计人员审核原始凭证时，对于不真实、不合法的原始凭证有权不予接受，并向单位负责人报告；对记载不准确、不完整，手续不完备、数字有差错的原始凭证，应当予以退回，并要求按照国家统一的会计制度的规定更正、补充。

原始凭证只有经过审核无误后，才能作为登记账簿和编制记账凭证的依据。

第二部分　实验项目设计

一、实验目的

本实验主要是针对原始凭证的填制方法进行实验，属于认知与验证性单项实验。通过实验，使学生了解和掌握一次凭证、累计凭证、汇总原始凭证的格式、填制方法和填制要求，增强学生的感性认识和动手能力、应用能力。

二、实验操作要求

实验学生根据实验资料所列万山市北江实业有限公司2017年11月份部分经济交易或事项及相关资料，以有关经济交易或事项经办人、当事人的身份填制原始凭证（假定相关印章已齐备）：

1.根据业务1填制增值税专用发票、银行进账单；

2.根据业务2填制转账支票、收料单；

3.根据业务3填制借款单、现金支票；

4.根据业务4填制领料单；

5.根据业务5填制领料单；

6.根据业务6填制差旅费报销单、收款收据；

7.根据业务7填制领料单；

8.根据业务4、业务5、业务7填制的领料单，填制发料凭证汇总表。

三、实验资料

（一）实验企业基础资料：

企业名称：万山市北江实业有限公司

企业地址：万山市云岩区鹿冲关路228号

邮政编码：550004

联系电话：69033133

开户银行：中国工商银行万山市云岩区鹿冲关路支行

银行账号：2401500045621

纳税人类别及增值税税率：一般纳税人，增值税税率为17%

纳税人识别号：915201225622487889

（二）万山市北江实业有限公司2017年11月份部分经济交易或事项及相关资料如下：

1. 1日，向万山市舞阳公司售出商品一批，开出的增值税专用发票内列：甲产品2 000件、单价20元、价款40 000元、税额6 800元，乙产品3 000件、单价30元、价款90 000元、税额15 300元；当即收到转账支票送存银行。

万山市舞阳工厂地址：万山市瑞金路256号；纳税人识别号：915201025622135634；开户银行：中国工商银行万山市瑞金支行；账号：2404500035467。

2. 5日，从万山市宏远有限公司购入以下材料：A材料3 500千克、单价20元、价款70 000元、税额11 900元，B材料2 000千克、单价30元、价款60 000元、税额10 200元；签发转账支票付讫全部买价及进项税额。全部材料已运到并验收入库。

3. 8日，市场营销部采购员周游出差去广州，借支差旅费2 500元，现金支票付讫。

4. 9日，生产车间从3号仓库领用主要材料一批，各种材料数量及用途为：A材料2 000千克、单价20元，其中生产甲产品耗用1 500千克，生产乙产品耗用500千克；B材料1 000千克、单价30元，全部用于生产甲产品。

5. 15日，3号仓库发出主要材料一批，各种材料数量及用途为：A材料1 000千克、单价20元，其中生产甲产品耗用800千克，生产车间一般耗用200千克；B材料1 500千克、单价30元，其中生产乙产品耗用1 200千克，企业行政管理部门一般耗用300千克。

6. 16日，市场营销部采购员周游从广州出差回来，报销差旅费（出差补助40元/天；火车卧铺票2张，共900元；住宿费发票1张，金额920元；市内车票7张，金额140元）。余款180元退回，现金收讫。

7. 21日，3号仓库发出主要材料一批，各种材料数量及用途为：A材料3 600千克、单价20元，其中生产甲产品耗用1 800千克、生产乙产品耗用1 500千克、生产车间一般耗用300千克；B材料4 500千克、单价20元，其中生产甲产品耗用2 000千克、生产乙产品耗用1 900千克，生产车间一般耗用100千克，企业行政管理部门一般耗用500千克。

第三部分　模拟实验材料

5200081140

贵州增值税专用发票

№ 30756028

此联不做报销、扣税凭证使用　　开票日期：

购买方	名　　称： 纳税人识别号： 地 址、电 话： 开户行及账号：				密码区		
货物或应税劳务、服务名称	规格型号	单位	数　量	单　价	金　额	税率	税 额
合　计							
价税合计（大写）	⊗					（小写）	
销售方	名　　称： 纳税人识别号： 地 址、电 话： 开户行及账号：				备注		

收款人：　　复核：　　开票人：　　销售方（章）

第一联　记账联　销售方记账凭证

中国工商银行进账单

年　月　日　　　　第　　号

付款人	全　称		收款人	全　称										
	账　号			账　号										
	开户银行			开户银行										
人民币（大写）					千	百	十	万	千	百	十	元	角	分
票据种类														
票据张数														
单位主管　会计　复核　记账			收款人开户行盖章											

第一联　收款方记账

中国工商银行 转账支票存根（万）

$\frac{BX}{02}$03947862

附加信息

出票日期： 年 月 日

收款人：	
金 额：	
用 途：	

单位主管： 会计：

中国工商银行 转账支票（万）

$\frac{BX}{02}$03947862

出票日期（大写） 年 月 日 付款行名称：

收款人： 出票人账号：

本支票付款期限十天

人民币（大写）	亿	千	百	十	万	千	百	十	元	角	分

用途

上列款项请从

我账户内支付

出票人签章 复核 记账

中国工商银行 现金支票存根（万）

$\frac{BX}{02}$03745184

附加信息

出票日期： 年 月 日

收款人：	
金 额：	
用 途：	

单位主管： 会计：

中国工商银行 现金支票（万）

$\frac{BX}{02}$03745184

出票日期（大写） 年 月 日 付款行名称：

收款人： 出票人账号：

本支票付款期限十天

人民币（大写）	亿	千	百	十	万	千	百	十	元	角	分

用途

上列款项请从

我账户内支付

出票人签章 复核 记账

万山市北江实业有限公司

收 款 收 据

年 月 日　　　　第189号

交款单位或姓名		
款项来源		
金 额	人民币（大写）	￥

第三页 收款单位财务

收款单位（公章）　　收款人：　　交款人：

万山市北江实业有限公司

差 旅 费 报 销 单

部门名称：　　　　年 月 日

出差人					共 人			事由								自 月 日起 至 月 日止			共 天
出发时间				到达时间				火车票	卧铺票	汽车票	飞机票	市内车费	轮船费	宿费	其他	住宿费			合计金额
月	日	时	地点	月	日	时	地点									天数	标准	金额	
合 计																			
合计（大写）																￥			

附单据 张

单位主管：　　部门负责人：　　复核：　　报销人：

万山市北江实业有限公司

收 料 单

发票号：　　　　　　　　年　月　日　　　　　　　　编号：075

供应单位				材料类别及编号			
材料名称及规格	计量单位	数量		实际成本			
		发票	实收	发票价格	运杂费	总价	单价
备注							

第二联　财会部门

核算：　　主管：　　保管：　　检验：　　交库：

万山市北江实业有限公司

借 款 单

年　月　日

借款单位：	借款人：
借款原因：	
借款金额：人民币（大写）　　　小写¥	
付款方式：	
本部门负责人意见：	借款人（答章）：
财务主管核批：	出纳：

万山市北江实业有限公司

领　料　单

编号：091

领用部门：　　　　年　月　日　　　　发料仓库：

材料类别	名称及规格	计量单位	数　量		金　额		用　途
			请　领	实　领	单　价	总　额	
合　计							

第三联　记账联

发料人：　　记账：　　领料部门负责人：　　领料人：

万山市北江实业有限公司

领　料　单

编号：092

领用部门：　　　　年　月　日　　　　发料仓库：

材料类别	名称及规格	计量单位	数　量		金　额		用　途
			请　领	实　领	单　价	总　额	
合　计							

第三联　记账联

发料人：　　记账：　　领料部门负责人：　　领料人：

万山市北江实业有限公司

领　料　单

编号：093

领用部门：　　　　年　月　日　　　　发料仓库：

材料类别	名称及规格	计量单位	数　量		金　额		用　途
			请　领	实　领	单　价	总　额	
合　计							

第三联　记账联

发料人：　　记账：　　领料部门负责人：　　领料人：

万山市北江实业有限公司

领 料 单

编号：094

领用部门： 年 月 日 发料仓库：

材料类别	名称及规格	计量单位	数 量		金 额		用 途
			请 领	实 领	单 价	总 额	
合 计							

第三联 记账联

发料人： 记账： 领料部门负责人： 领料人：

万山市北江实业有限公司

领 料 单

编号：095

领用部门： 年 月 日 发料仓库：

材料类别	名称及规格	计量单位	数 量		金 额		用 途
			请 领	实 领	单 价	总 额	
合 计							

第三联 记账联

发料人： 记账： 领料部门负责人： 领料人：

万山市北江实业有限公司

发料凭证汇总表

编号：0033

年 月 计量单位： 金额单位：元

用 途	主要材料						辅助材料			金额合计
	______材料			______材料						
	数量	单价	金额	数量	单价	金额	数量	单价	金额	
合 计										

会计主管： 制单： 复核： 记账：

实验2　记账凭证的填制

第一部分　实验预备知识

一、记账凭证的概念

记账凭证是由会计人员根据审核无误的原始凭证或汇总原始凭证填制，用来确定经济交易或事项应借、应贷的会计科目和金额（即会计分录），作为记账根据的会计凭证。

在实际工作中，不论是外来原始凭证还是自制原始凭证，它们都来自各个方面，格式和大小不一，而且没有标明应借、应贷的会计科目，如果直接据以登记账簿，容易发生差错。为了便于记账，防止差错，在登记账簿以前，一般先要根据原始凭证或汇总原始凭证填制记账凭证，填明经济业务的应借、应贷科目和金额，再据以登记账簿，并将原始凭证或汇总原始凭证作为记账凭证的附件。

二、记账凭证的种类

（一）记账凭证按其适用的经济交易或事项的分类

记账凭证按其适用的经济交易或事项，可以分为专用记账凭证和通用记账凭证两类。

1. 专用记账凭证

专用记账凭证是用来专门记录某一类经济交易或事项的记账凭证。专用记账凭证按其所记录的经济交易或事项是否与库存现金和银行存款的收付有关，又分为收款凭证、付款凭证和转账凭证三种。

（1）收款凭证。收款凭证是用来记录库存现金和银行存款等货币资金收款业务的凭证，它是根据库存现金和银行存款收款业务的原始凭证填制的。

（2）付款凭证。付款凭证是用来记录库存现金和银行存款等货币资金付款业务的凭证，它是根据库存现金和银行存款付款业务的原始凭证填制的。

（3）转账凭证。转账凭证是用来记录与库存现金、银行存款等货币资金收付款业务无关的转账业务的凭证，它是根据有关转账业务的原始凭证填制的。

2. 通用记账凭证

通用记账凭证是适用于所有经济交易或事项的记账凭证。采用这种记账凭证的企业单位，不论收款业务、付款业务还是转账业务，统一采用一种格式的记账凭证。

（二）记账凭证按其所包括的会计科目是否单一的分类

记账凭证按其所包括的会计科目是否单一，可以分为复式记账凭证和单式记账凭证两类。

1.复式记账凭证

复式记账凭证是将一项经济交易或事项涉及的应借、应贷的各个会计科目，都填列在一张记账凭证中，因而也称多科目记账凭证或多项记账凭证。前述各种专用记账凭证和通用记账凭证，都属于复式记账凭证。

2.单式记账凭证

单式记账凭证又叫单科目记账凭证，它要求将某项经济交易或事项所涉及的每个会计科目，分别填制记账凭证，每张记账凭证只填列一个会计科目，其对方科目只供参考，不凭以记账。也就是把某一项经济交易或事项的会计分录，按其所涉及的会计科目，分散填制两张或两张以上的记账凭证。

（三）记账凭证按其是否经过汇总的分类

记账凭证按其是否经过汇总，可以分为非汇总记账凭证和汇总式记账凭证两类。

1.非汇总记账凭证

非汇总记账凭证，是没有经过汇总的记账凭证，前面介绍的专用及通用记账凭证都是非汇总记账凭证。

2.汇总式记账凭证

汇总式记账凭证是根据非汇总记账凭证按一定的方法汇总填制的记账凭证。汇总式记账凭证按汇总方法不同，可分为分类汇总记账凭证和全部汇总记账凭证两种。

（1）分类汇总记账凭证。分类汇总记账凭证是根据一定期间的记账凭证按其种类分别汇总填制的，如汇总收款凭证、汇总付款凭证以及汇总转账凭证。

（2）全部汇总记账凭证。全部汇总记账凭证是根据一定期间的全部记账凭证汇总填制的，如科目汇总表。

三、记账凭证的基本内容

所有的记账凭证，都必须满足记账的要求，必须具备下列基本内容（也即凭证要素）：

1.填制单位名称。

2.记账凭证名称。

3.填制凭证的日期和凭证编号。

4.经济业务的内容摘要。

5.会计科目（包括一级、二级或明细科目）的名称、记账方向和金额（即会计分录）。

6.所附原始凭证的张数。

7.制证人员、审核人员、记账人员、会计机构负责人、会计主管人员的签名或盖章，收款凭证和付款凭证还应由出纳人员签名或盖章。

以自制的原始凭证或者原始凭证汇总表代替记账凭证的，也必须具备记账凭证应有的项目。

四、记账凭证的填制要求

记账凭证应当根据经过审核的原始凭证及有关资料填制。各种记账凭证的填制，除了严格达到填制原始凭证的要求外，还必须注意以下几点：

1.记账凭证可以根据每一张原始凭证填制，或者根据若干张同类原始凭证汇总填制，也可以根据原始凭证汇总表填制，但不得把不同内容或类别的原始凭证汇总填制在一张记账凭证上，以保持科目对应关系清晰。

2.除结账和更正错账的记账凭证可以不附原始凭证外，其他记账凭证必须附有原始凭证。如果一张原始凭证涉及几张记账凭证，可以把原始凭证附在一张主要的记账凭证后面，并在其他记账凭证上注明附有该原始凭证的记账凭证的编号或者附原始凭证复印件。

3.一张原始凭证所列支出需要几个单位共同负担的，应当将其他单位负担的部分，给对方开具原始凭证分割单，进行结算。原始凭证分割单必须具备原始凭证的基本内容：凭证名称、填制凭证日期、填制凭证单位名称或者填制人姓名、经办人的签名或者盖章、接受凭证单位名称、经济业务内容、数量、单价、金额和费用分摊情况等。

4.记账凭证必须注明所附原始凭证的张数，以便复核所确定的会计分录是否正确，也便于日后查阅原始凭证。

5.必须按国家有关部门统一规定的会计科目名称和核算内容，按实际经济业务的内容，正确编制会计分录，以保证核算口径的一致，并便于综合汇总和信息交流。

6.“摘要”栏应简明扼要地填写经济业务内容，以便登记账簿，查阅凭证。

7.正确填写记账凭证的日期。收、付款凭证应按货币资金收付的日期填写；转账凭证原则上应按收到原始凭证的日期填写。当一份转账凭证依据不同日期的某类原始凭证填制时，可按填制凭证日期填写。在月终时，若有些转账业务要等到下月初方可填制转账凭证，也可按月末的日期填写。

8.记账凭证在一个月内应当连续编号，以便查核。在使用通用记账凭证时，可按经济业务发生的顺序编号。采用收款凭证、付款凭证和转账凭证的，可采用“字号编号法”，即按凭证类别顺序编号，例如：收字第×号，付字第×号，转字第×号等。也可采用“双重编号法”，即按总字顺序编号与按类别顺序编号相结合，例如：某收款凭证为“总字第×号，收字第×号”。一笔经济业务，需要编制多张记账凭证时，可采用“分数编号法”，前面的整数表示业务顺序，分母表示总张数，分子表示第几张。在使用单式记账凭证时，也可采用“分数编号法”。

9.在采用收款凭证、付款凭证和转账凭证等专用记账凭证的情况下，凡涉及库存现金和银行存款的收款业务，填制收款凭证；凡涉及库存现金和银行存款的付款业务，填制付款凭证；涉及转账业务，填制转账凭证。但是涉及库存现金和银行存款之间的相互划转业务，按规定只填制付款凭证，以免重复记账。若一笔经济交易或事项既涉及库存现金（或银行存款）收入或付出，又有转账业务时，应相应地填制库存现金（或银行存款）收款凭证或付款凭证和转账凭证。

10.记账凭证填制完经济交易或事项后，如有空行，应当自金额栏最后一笔金额数字下的空行处至合计栏上的空行处划线注销。

11.实行会计电算化的单位，对于机制记账凭证，要认真审核，做到会计科目使用正确，数字准确无误。打印出的机制记账凭证要加盖制单人员、审核人员、记账人员及会计机构负责人、会计主管人员印章或者签字。

五、记账凭证的填制方法

（一）专用记账凭证的填制方法

1.收款凭证的填制方法

收款凭证是用以反映货币资金收入业务的记账凭证，收款凭证必须根据审核后的库存现金或银行存款收入业务的原始凭证编制。收款凭证可分为库存现金收款凭证及银行存款收款凭证两类。由于收款业务是记入“库存现金”或“银行存款”科目借方的业务，因此收款凭证的左上方可注明借方科目名称，中间栏目设摘要、贷方科目以及金额栏目，同时必须明确审核及经办人的责任。此外，应在凭证的右侧填写所附原始凭证的张数。

2.付款凭证的填制方法

付款凭证是用以反映货币资金支出业务的记账凭证，付款凭证必须根据审核后的库存现金或银行存款支出业务的原始凭证编制。付款凭证的设证科目是贷方科目，在付款凭证左上方所填列的贷方科目，应是“库存现金”或“银行存款”科目。在凭证内所反映的借方科目，应填列与“库存现金”或“银行存款”相对应的科目。金额栏填列经济交易或事项实际发生的数额，在凭证的右侧填写所附原始凭证的张数，并在出纳及制单处签名或盖章。

3.转账凭证的填制方法

转账凭证是用以记录与货币资金收、付无关的转账业务的凭证，它是由会计人员根据审核无误的转账业务的原始凭证填制的。在借贷记账法下，将经济交易或事项所涉及的会计科目全部填列在凭证内，借方科目在先，贷方科目在后，将各会计科目所记应借应贷的金额填列在“借方金额”或“贷方金额”栏内。借、贷方金额合计数应该相等。制单人应在填制凭证后签名盖章，并在凭证的右侧填写所附原始凭证的张数。

（二）通用记账凭证的填制方法

通用记账凭证是用以记录各种经济交易或事项的凭证。采用通用记账凭证的企业单位，不再根据经济交易或事项的内容分别填制收款凭证、付款凭证和转账凭证等专用记账凭证，所以涉及货币资金收、付业务的记账凭证是由出纳员根据审核无误的原始凭证收、付款后填制的，涉及转账业务的记账凭证，是由有关会计人员根据审核无误的原始凭证填制的。在借贷记账法下，将经济交易或事项所涉及的会计科目全部填列在凭证内，借方在先，贷方在后，将各会计科目所记应借应贷的金额填列在“借方金额”或“贷方金额”栏内。借、贷方金额合计数应相等。制单人应在填制凭证完毕后签名盖章，并在凭证右侧填写所附原始凭证的张数。

在企业会计工作中，记账凭证的选择应根据企业规模、货币资金收付业务量的大小等进行。一般来说，企业规模大、货币资金收付业务频繁，为了加强货币资金的管理，需要单独反映货币资金收付情况，便于及时提供货币收付指标，则应采用专用记账凭证。若企业规模较小，业务量较少，则可采用一种通用记账凭证。

（三）单式记账凭证的填制方法

单式记账凭证按一项经济交易或事项所涉及的每个会计科目单独填制一张记账凭证，每一张记账凭证中只登记一个科目。单式记账凭证为单独反映每项业务所涉及的会计科目及对应关系，又分为“借项记账凭证”和“贷项记账凭证”。

六、记账凭证的审核

为了保证记账凭证的正确性，必须建立记账凭证填制审核的责任制度，配备业务熟练、工作负责的会计人员做好记账凭证审核工作，没有经过审核的记账凭证，不能登记入账。

记账凭证的审核内容主要包括以下几个方面：

1.记账凭证是否附有合法的原始凭证、汇总原始凭证，其张数、金额、内容与记账凭证是否相符；

2.记账凭证所确定的应借应贷会计科目和金额是否正确（即会计分录是否正确），一级科目金额与所属明细科目金额之和是否相等；

3.记账凭证应填的各项内容是否填写齐全，有关人员是否签名盖章。

如果在填制、审核记账凭证时发现错误，应当重新填制。已经登记入账的记账凭证，在当年内发现填写错误时，可以用红字填写一张与原内容相同的记账凭证，在“摘要”栏注明“注销×年×月×号凭证”字样，同时再用蓝字重新填制一张正确的记账凭证，注明“订正×年×月×号凭证”字样。如果会计科目没有错误，只是金额错误，也可以将正确数字与错误数字之间的差额，另编一张调整的记账凭证，调增金额用蓝字，调减金额用红字。发现以前年度记账凭证有错误的，应当用蓝字填制一张更正的记账凭证。

第二部分　实验项目设计

一、实验目的

本实验主要是针对记账凭证的填制方法进行实验，属于认知与验证性单项实验。通过实验，使学生了解各种不同类型经济交易或事项应取得或者填制的原始凭证，了解专用记账凭证的种类和格式，掌握专用记账凭证的填制方法和要求，增强学生动手能力、实践能力、应用能力。

二、实验操作要求

根据实验资料所列万山市黔西机械加工厂2017年8月份经济交易或事项及取得的原始凭证，分别填制收款凭证、付款凭证、转账凭证等专用记账凭证。

三、实验资料

（一）实验企业基础资料：

企业负责人：高黔西（董事长、厂长）

企业名称：万山市黔西机械加工厂

企业地址：万山市和平区中心路398号

邮政编码：283000

联系电话：54525688

开户银行：中国工商银行万山市和平区支行

银行账号：2401500045621

纳税人类别及增值税税率：一般纳税人，增值税税率为17%

纳税人识别号：915201025622137839

会计主管：周致远

出纳员：陈朝阳

企业主要经营活动：该厂设有一个生产车间，运用角钢、铸铁生产切管机和焊机。

（二）万山市黔西机械加工厂2017年8月份经济交易或事项如下：

1. 1日，以银行存款88 000元偿还前欠临江市钢铁公司货款。原始凭证代号：2-1。

2. 1日，市场营销部采购员李凯力去南京出差，借支差旅费1 200元，现金支付。原始凭证代号：2-2。

3. 1日，收到银行收款通知，通海市中原器械有限公司偿还前欠货款95 000元。原始凭证代号：2-3。

4. 1日，将现金800元存入银行。原始凭证代号：2-4。

5. 1日，以银行存款152 100元从临江市钢铁公司购入角钢、铸铁一批，收到的增值税专用发票内列：角钢20吨，单价2 000元，价款40 000元，税额6 800元；铸铁60吨，单价1 500元，价款90 000元，税额15 300元。全部材料尚未运到。原始凭证代号：2-5-1；2-5-2。

6. 1日，签发现金支票从银行提取现金800元备用。原始凭证代号：2-6。

7. 1日，厂部报销业务招待费210元，现金付讫。原始凭证代号：2-7-1；2-7-2。

8. 2日，收到东阳市金山器械有限公司前欠货款60 000元。原始凭证代号：2-8。

9. 2日，签发转账支票14 430元，向临江市通达运输公司支付前述从临江市钢铁公司购入的角钢、铸铁的运费及进项税额（假定该运费按买价比例全部计入采购成本）。原始凭证代号：2-9-1；2-9-2；2-9-3。

10. 2日，上述从临江市钢铁公司购入的角钢、铸铁全部运回本厂，由物料仓库如数验收，结转其实际采购成本。原始凭证代号：2-10-1；2-10-2。

11. 2日，厂部报销业务招待费590元，现金支付。原始凭证代号：2-11-1；2-11-2。

12. 2日，人力资源部经理赵燕飞报销手机话费100元，现金付讫。原始凭证代号：2-12。

13. 2日，向通海市中原器械有限公司销售商品一批，开出的增值税专用发票内列：切管机450台，单价180元，价款81 000元，销项税额13 770元，价税全部收到存入银行。原始凭证代号：2-13-1；2-13-2。

14. 2日，用银行存款支付跨行汇兑手续费60元。原始凭证代号：2-14。

15. 3日，万山市通力机器设备公司对厂部办公设备进行维修，发生维修费用300元、进项税额51元，现金付讫。原始凭证代号：2-15-1，2-15-2。

16. 3日，向东阳市金山器械有限公司销售商品一批，开出的增值税专用发票内列：焊机850台，单价160元，价款136 000元，销项税额23 120元，当即收到转账支票送存银行。原始凭证代号：2-16-1；2-16-2。

17. 3日，签发转账支票6 890元，支付万山市广播电台广告费。原始凭证代号：2-17-1；2-17-2。

18. 3日，向银行申请3个月借款200 000元，年利率4. 5%，款项直接存入银行。原始凭证代号：2-18。

19. 3日，以现金702元从万山市晨光办公用品公司购入厂部办公用品：签字笔10盒，单价15元，计150元；书写稿纸100本，单价1. 50元，计150元；文件夹60个，单价5元，计300元；进项税额102元。办公用品直接交付使用。原始凭证代号：2-19-1；2-19-2；2-19-3。

20. 3日，市场营销部采购员李凯力出差回来报销差旅费980元（出差补助共60元；火车票2张，共264元；住宿费发票1张，金额400元；市内车票16张，共256元），余额220元交回，现金收讫。原始凭证代号：2-20-1；2-20-2。

21. 3日，从万山市汽车经销公司购入新的载货汽车一辆，价款60 000元，增值税10 200元，共70 200元已用银行存款支付，载货汽车当即验收投入使用。原始凭证代号：2-21-1；2-21-2；2-21-3。

22. 4日，物料仓库发出原材料一批，各种材料数量及用途为：角钢12吨，其中：生产切管机耗用6吨，生产焊机耗用4吨，车间一般性耗用2吨；铸铁25吨，其中：生产切管机耗用10吨，生产焊机耗用12吨，车间一般耗用3吨。原始凭证代号：2-22-1；2-22-2。

23. 8日，从临江市钢铁公司购入一批原材料，收到的增值税专用发票内列：角钢28吨，单价2 000元，计56 000元，进项增值税额9 520元；

价税以银行存款支付；签发转账支票6 216元支付运费及进项税额，该运费全部计入材料采购成本；角钢已验收入库。原始凭证代号：2-23-1；2-23-2；2-23-3；2-23-4；2-23-5。

24. 11日，签发现金支票，从银行提取现金120 000元，准备发放本月职工工资。原始凭证代号：2-24。

25. 11日，以现金99 500元发放本月职工工资。原始凭证代号：2-25。

26. 15日，向东阳市金山器械有限公司销售商品一批，开出的增值税专用发票内列：切管机500台，单价180元，价款90 000元，销项税额15 300元。全部款项尚未收到。原始凭证代号：2-26。

27. 18日，收到东阳市金山器械有限公司前欠货款105 300元。原始凭证代号：2-27。

28. 23日，签发转账支票13 806元，支付万山市市南供电局电费及进项税额。其中车间负担电费7 000元，厂部负担电费4 800元。原始凭证代号：2-28-1；2-28-2；2-28-3。

29. 27日，签发转账支票9 768元支付万山市自来水公司本月水费及进项税额，其中生产车间负担水费6 000元，厂部负担水费2 800元。原始凭证代号：2-29-1；2-29-2；2-29-3。

30. 31日，计提本月固定资产折旧费23 580元，其中车间计提固定资产折旧17 580元，厂部计提固定资产折旧6 000元。原始凭证代号：2-30。

31. 31日，计提应由本月负担的短期借款利息费用750元。原始凭证代号：2-31。

32. 31日，分配本月职工工资总额99 500元，按用途分配为：切管机生产工人工资32 500元，焊机生产工人工资30 000元，车间管理人员工资15 000元，厂部管理人员工资22 000元。原始凭证代号：2-32。

33. 31日，签发转账支票13 930元，购入一批劳保服，当即向各部门职工发放。原始凭证代号：2-33-1；2-33-2；2-33-3。

34. 31日，将本月发生的制造费用总额按生产耗用工时比例分配转入切管机、焊机的生产成本。切管机生产耗用工时为2 450小时，焊机生产耗用工时为3 253小时。原始凭证代号：2-34。

35. 31日，本月新投产的切管机1 000台、焊机1 100台，月末生产完工验收入库切管机100台、焊机300台。完工入库切管机的单位成本为126元/台，完工入库焊机的单位成本为117元/台。结转完工入库切管机、焊机的实际生产成本。原始凭证代号：2-35-1；2-35-2。

36. 31日，结转本月已销售切管机、焊机的实际生产成本。原始凭证代号：2-36。

37. 31日，按本月应交增值税额和税率7%、附加率3%计算本月应交城市维护建设税和教育费附加。原始凭证代号：2-37。

38. 31日，将本月发生的主营业务收入307 000元转入“本年利润”账户。

39. 31日，将本月发生的主营业务成本219 150元、税金及附加480.70元、销售费用6 500元、管理费用41 460元、财务费用810元转入“本年利润”账户。

40. 31日，根据本月利润总额，按25%的税率计算并结转应交所得税。原始凭证代号：2-40。

41. 31日，以银行存款缴纳增值税、城市维护建设税、所得税、教育费附加。原始凭证代号：2-41-1；2-41-2；2-41-3；2-41-4。

（三）万山市黔西机械加工厂2017年8月份以上经济交易或事项取得的原始凭证如下（假定所有原始凭证必备印章、签名均已具备，原始凭证经审核无误）：

2-1

中国工商银行信汇凭证（回单） 1 第12号

委托日期2017年8月1日

收款人	全　称	临江市钢铁公司			汇款人	全　称	万山市黔西机械加工厂	
	账　号或地址	4207800037512				账　号或地址	2401500045621	
	汇　入地　点	临江县（市）	汇入行名　称	河滨支行		汇　出地　点	万山县（市）	汇出行名　称	和平区支行

金额	人民币（大写） 捌万捌仟元整	千	百	十	万	千	百	十	元	角	分
				¥	8	8	0	0	0	0	0

汇款用途：偿还货款

上列款项已根据委托办理，如须查询，请持此联来行面洽。

单位主管 李小平　会计 刘　丽　复核 李春林　记账 江琼花

（汇出行盖章）中国工商银行 万山市和平区支行 转讫

2017年8月1日

此联是汇出行给汇款人的回单

2-2

万山市黔西机械加工厂

借　款　单

2017年8月1日

借款单位：市场营销部	借款人：李凯力
借款原因：差旅费	
借款金额：人民币（大写）壹仟贰佰元整	小写¥1 200.00
付款方式：现金	
本部门负责人意见：陈佳东	借款人（答章）：李凯力
财务主管核批：周致远	出纳：陈朝阳

现金付讫

2-3

中国工商银行信汇凭证（收账通知或取款收据） 4

第203号

委托日期2017年7月31日　　应解汇款编号：

<table>
<tr><td rowspan="3">收款人</td><td>全　称</td><td colspan="3">万山市黔西机械加工厂</td><td rowspan="3">汇款人</td><td>全　称</td><td colspan="3">通海市中原器械有限公司</td></tr>
<tr><td>账　号
或地址</td><td colspan="3">2401500045621</td><td>账　号
或地址</td><td colspan="3">3756200425537</td></tr>
<tr><td>汇　入
地　点</td><td>万山县 市</td><td>汇入行
名　称</td><td>和平区支行</td><td>汇　出
地　点</td><td>通海县 市</td><td>汇出行
名　称</td><td>信通支行</td></tr>
<tr><td>金额</td><td colspan="6">人民币（大写）玖万伍仟元整</td><td colspan="3">千 百 十 万 千 百 十 元 角 分
¥ 9 5 0 0 0 0 0</td></tr>
<tr><td colspan="6">汇款用途：归还欠款</td><td colspan="4">留行待取预留
收款人印鉴</td></tr>
<tr><td colspan="3">上列款项已代进账，如有错误，请持此联来行面洽。
转讫汇入行盖章
2017年8月1日</td><td colspan="3">上列款项已照收无误
陈朝阳
收款人盖章
2017年8月1日</td><td colspan="4">科目（收）
对方科目（付）
汇入行解汇日期　　年　月　日
复核
记账　　　出纳</td></tr>
</table>

中国工商银行 万山市和平区支行 转讫

此联是给收款人的收账通知或代取款收据

2-4

中国工商银行　现金缴款单

2017年8月1日　　序号：

<table>
<tr><td rowspan="5">客户填写部分</td><td colspan="2">收款人户名</td><td colspan="4">万山市黔西机械加工厂</td><td rowspan="2">收款人
开户行</td><td colspan="4" rowspan="2">工行和平区支行</td></tr>
<tr><td colspan="2">收款人账号</td><td colspan="4">2401500045621</td></tr>
<tr><td colspan="2">缴　款　人</td><td colspan="4">陈朝阳</td><td>款项来源</td><td colspan="4"></td></tr>
<tr><td>币种（√）</td><td>人民币
外币</td><td>大写</td><td colspan="5">捌佰元整</td><td colspan="3">亿 千 百 十 万 千 百 十 元 角 分
¥ 8 0 0 0 0</td></tr>
<tr><td>券别</td><td>100元</td><td>50元</td><td>20元</td><td>10元</td><td>5元</td><td>2元</td><td>1元</td><td></td><td></td><td>辅币（金额）</td></tr>
<tr><td></td><td>张数</td><td></td><td></td><td></td><td></td><td></td><td></td><td></td><td></td><td></td><td></td></tr>
<tr><td>银行填写部分</td><td colspan="11">日期：2017年8月1日　　日志号：
金额：800.00　　终端号：
交易码
主　管：李小平</td></tr>
</table>

中国工商银行 万山市和平区支行 现金收讫

制票：江海波　　复核：李春林

2-5-1

中国工商银行信汇凭证（回单） 1 第21号

委托日期2017年8月1日

收款人	全 称	临江市钢铁公司		汇款人	全 称	万山市黔西机械加工厂	
	账 号 或地址	4207800037512			账 号 或地址	2401500045621	
	汇 入 地 点	临江 市/县	汇入行名称：河滨支行		汇 出 地 点	万山 市/县	汇出行名称：和平区支行
金额	人民币（大写）	壹拾伍万贰仟壹佰元整				千百十万千百十元角分	¥15210000

汇款用途：支付货款及增值税

上列款项已根据委托办理，如须查询，请持此回单来行面洽。

（汇出行盖章）

中国工商银行 万山市和平区支行 转讫

2017年8月1日

单位主管 李小平 会计 刘 丽 复核 李春林 记账 江琼花

此联是汇出行给汇款人的回单

2-5-2

5200081143

贵州增值税专用发票

发票联

№ 01235442 5200081143 01235442

开票日期：2017年8月1日

购买方	名 称：万山市黔西机械加工厂 纳税人识别号：915201025622137839 地 址、电 话：万山市和平区中心路398号 54525688 开户行及账号：工行万山市和平区支行 2401500045621			密码区	3-8-9/5>213《643<02+4*9《8< 1-76<7+85-5*517+821*9/63+8< 3>256-9-86+5*517-7+533192>4		
货物或应税劳务、服务名称	规格型号	单位	数 量	单 价	金 额	税率	税 额
角钢		吨	20	2 000.00	40 000.00	17%	6 800.00
铸铁		吨	60	1 500.00	90 000.00	17%	15 300.00
合 计					¥130 000.00		¥22 100.00
价税合计（大写）	⊗壹拾伍万贰仟壹佰元整					（小写）	¥152 100.00
销售方	名 称：临江市钢铁公司 纳税人识别号：915201029220000527 地 址、电 话：临江市中百路220号 35732584 开户行及账号：工行临江市河滨支行 4207800037512			备注	临江市钢铁公司 915201029220000527 发票专用章		

收款人：刘晓华 复核：王 彬 开票人：刘晓华 销售方（章）

第三联 发票联 购买方记账凭证

2-6

中国工商银行
现金支票存根(万)

$\frac{BX}{02}$03947309

附加信息

出票日期：2017年8月1日

收款人：	万山市黔西机械加工厂
金　额：	¥800.00　陈朝阳
用　途：	备用

单位主管：　　　　会计：周致远

2-7-1

5200082362　　**贵州增值税普通发票**　　№ 01332566　5200082362 01332566

发票联

开票日期：2017年8月1日

购买方	名　称：万山市黔西机械加工厂 纳税人识别号：915201025622137839 地址、电话：万山市和平区中心路398号 54525688 开户行及账号：工行万山市和平区支行 2401500045621				密码区	6>2<+51-48《310《2/9+31-8*4 <76<58+7*55-27+619*6>3+523< 2/86-9-86+5*517-7+533192>4	
货物或应税劳务、服务名称	规格型号	单位	数量	单价	金额	税率	税额
餐饮					198.11	6%	11.89
合　计					¥198.11		¥11.89
价税合计（大写）	⊗贰佰壹拾元整					（小写）¥210.00	
销售方	名　称：万山市牛浪福火锅城 纳税人识别号：915201020537621835 地址、电话：万山市和平区里弄巷33号 53672255 开户行及账号：工行万山市和平区支行 2401500073633				备注	万山市牛浪福火锅城 915201020537621835 发票专用章	

第三联　发票联　购买方记账凭证

收款人：　　复核：　　开票人：牛艳红　　销售方（章）

2-7-2

万山市黔西机械加工厂

费用报销单

部门：厂部　　2017年8月1日　　编号：078

开支内容	金　额	计算方式
招待费	210.00	1.冲借款______元
		2.转　账______元
		3.汇　款______元
合计（大写）贰佰壹拾元整		4.付现金 210.00 元

附单据1张

收款人：高黔西　　复核：周致远　　开票人：赵　晨　　出纳：陈朝阳

2-8

中国工商银行信汇凭证（收账通知或取款收据） 4

第301号

委托日期2017年8月1日　　　　应解汇款编号：

收款人	全　称	万山市黔西机械加工厂		汇款人	全　称	东阳市金山器械有限公司		
	账　号 或地址	2401500045621			账　号 或地址	3555400025711		
	汇　入 地　点	万山 市/县	汇入行名称：和平区支行		汇　出 地　点	东阳 市/县	汇出行名称：朝东支行	
金额	人民币（大写）陆万元整							

千	百	十	万	千	百	十	元	角	分
		¥	6	0	0	0	0	0	0

汇款用途：归还欠款		留行待取预留 收款人印鉴
上列款项已代进账，如有错误，请持此联来行面洽。 汇入行盖章 2017年8月2日	上列款项已照收无误 陈朝阳 收款人盖章 2017年8月2日	科目（收） 对方科目（付） 汇入行解汇日期　　年　月　日 复核 记账　　出纳

（印章：中国工商银行 万山市和平区支行 转讫）

此联给收款人的收账通知或代取款收据

2-9-1

5200081142

贵州增值税专用发票

发票联

（印章：全国统一发票监制章 国家税务总局监制）

№ 02136623　5200081142
02136623

开票日期：2017年8月2日

购买方	名　　称：万山市黔西机械加工厂 纳税人识别号：915201025622137839 地 址、电 话：万山市和平区中心路398号 54525688 开户行及账号：工行万山市和平区支行 2401500045621				密码区	7+25*9/5-15<67《674+8/80<33+ 48《23>6-533《12/9-937<2*8-1+ 7<5*66-9-86+5*517-7+533192	
货物或应税劳务、服务名称	规格型号	单位	数　量	单　价	金　额	税率	税　额
运输费		吨	80	162.50	13 000.00	11%	1 430.00
合　计					¥13 000.00		¥1 430.00
价税合计（大写）	⊗壹万肆仟肆佰叁拾元整					（小写）¥14 430.00	
销售方	名　　称：临江市通达运输公司 纳税人识别号：915201020376198033 地 址、电 话：临江市华阳路169号 36636168 开户行及账号：工行临江市新华支行 4207533236532				备注	（印章：临江市通达运输公司 915201020376198033 发票专用章）	

收款人：李应涛　　复核：　　开票人：张　凡　　销售方（章）

第三联 发票联 购买方记账凭证

2-9-2

中国工商银行

转账支票存根(万)

$\frac{BX}{02}$03947285

附加信息

出票日期：2017年8月2日

收款人：	临江市通达运输公司
金　额：	¥14 430.00
用　途：	运费

单位主管：　　会计：周致远

2-9-3

万山市黔西机械加工厂

材料采购费用分配表

2017年8月2日　　金额单位：元

分配对象	分配标准（材料货款）	分配率	分配额
角钢	40 000.00	0.10	4 000.00
铸铁	90 000.00	0.10	9 000.00
合计	130 000.00	0.10	13 000.00

复核：李菲　　制表：赵宾

2-10-1

万山市黔西机械加工厂

收　料　单

发票号：1235442　　2017年8月2日　　编号：175

供应单位	临江市钢铁公司			材料类别及编号		主要材料	
材料名称及规格	计量单位	数量		实际成本			
		发票	实收	发票价格	运杂费	总价	单价
角钢	吨	20	20	40 000.00	4 000.00	44 000.00	2 200.00
备注							

第二联　财会部门

核算：赵宾　主管：李菲　保管：吴宏　检验：张立　交库：刘艺

2-10-2

万山市黔西机械加工厂

收 料 单

发票号：1235442　　2017年8月2日　　编号：176

供应单位	临江市钢铁公司			材料类别及编号		主要材料	
材料名称及规格	计量单位	数量		实际成本			
		发票	实收	发票价格	运杂费	总价	单价
铸铁	吨	60	60	90 000.00	9 000.00	99 000.00	1 650.00
备注							

第二联 财会部门

核算：赵宾　主管：李菲　保管：吴宏　检验：张立　交库：刘艺

2-11-1

5200082362

贵州增值税普通发票

发票联

№ 01332597　5200082362 01332597

开票日期：2017年8月2日

购买方	名称：万山市黔西机械加工厂 纳税人识别号：915201025622137839 地址、电话：万山市和平区中心路398号 54525688 开户行及账号：工行万山市和平区支行 2401500045621				密码区	97+35>2-3<6《42/2+8*6《22-5 <771+2<63-86*8+635>73+76*2< 5/96-9-86+5*517-7+533192>4	
货物或应税劳务、服务名称	规格型号	单位	数量	单价	金额	税率	税额
餐饮					556.60	6%	33.40
合计					¥556.60		¥33.40
价税合计（大写）	⊗伍佰玖拾元整					（小写）¥590.00	
销售方	名称：万山市牛浪福火锅城 纳税人识别号：915201020537621835 地址、电话：万山市和平区里弄巷33号 53672255 开户行及账号：工行万山市和平区支行 2401500073633				备注	万山市牛浪福火锅城 915201020537621835 发票专用章	

第二联 发票联 购买方记账凭证

收款人：牛艳红　复核：　开票人：牛艳红　销售方（章）：

2-11-2

万山市黔西机械加工厂

费 用 报 销 单

部门：厂部　　2017年8月2日　　编号：079

开支内容	金额	计算方式
招待费	590.00	1.冲借款______元
		2.转账______元
		3.汇款______元
		4.付现金 590.00 元
合计（大写）伍佰玖拾元整		

附单据1张

单位负责人：高黔西　会计主管：周致远　经手人：赵晨　出纳：陈朝阳

2-12

中国移动通信 CHINA MOBILE

中国移动通信集团贵州有限公司专用发票

发 票 联

发票代码 252010734009
发票号码 22629787

用户名称：赵燕飞　　电话号码：13901581286
用户账号：1000539899　　账单结算时间：2017/07/01-2017/08/01

收费项目	金额（元）	收费项目	金额（元）	结算项目	金额（元）
优惠	-20.00	长途费	36.67	上次余额	56.64
本地通话费	51.20	新业务通信费	23.10	本次发生额	113.87
新业务信息费	0.00	月租费	17.55	本次实缴额	100.00
附加费	4.80	点对点短信费	0.55	本次余额	42.77
实缴金额	¥100.00	人民币（大写）	壹佰元整		

1.本发票为电脑票，手开无效，请用户妥善保管。
2.服务电话：10086。
3.滞纳金按每日千分之三计算。
4.每日计收基本费。

中国移动通信集团 贵州有限公司万山分公司 万山市中华北路119号 万山市地税局 地税发票专用章

收费点：万山市中华北路营业厅　　收款员：陈华山　　打印时间：2017-08-01　08:31

万地税征印字第124号，本次印制600万份×3，190×140。

第二联 发票联

2-13-1

5200081330

贵州增值税专用发票

此联不做报销、扣税凭证使用

№ 02534122　5200081330
02534122
开票日期：2017年8月2日

购买方	名　　称：通海市中原器械有限公司 纳税人识别号：915201027866100045 地 址、电 话：通海市建设路599号 57376588 开户行及账号：工行通海市信通支行 3756200425537				密码区	2+8>31《9-7<258<3+7《36/5- 2*93-2<51*7-45+2737/2*19<8> 37+26-9-86+5*517-7+533192>4	
货物或应税劳务、服务名称	规格型号	单位	数量	单价	金额	税率	税额
切管机		台	450	180.00	81 000.00	17%	13 770.00
合　计					¥81 000.00		¥13 770.00
价税合计（大写）	⊗玖万肆仟柒佰柒拾元整					（小写）¥94 770.00	
销售方	名　　称：万山市黔西机械加工厂 纳税人识别号：915201025622137839 地 址、电 话：万山市和平区中心路398号 54525688 开户行及账号：工行万山市和平区支行 2401500045621				备注	万山市黔西机械加工厂 915201025622137839 发票专用章	

收款人：陈朝阳　　复核：周致远　　开票人：张 勤　　销售方（章）：

第一联 记账联 销售方记账凭证

2-13-2

中国工商银行进账单（收账通知）

2017年8月2日　　　　第313号

付款人	全　称	通海市中原器械有限公司	收款人	全　称	万山市黔西机械加工厂
	账　号	3756200425537		账　号	2401500045621
	开户银行	信通支行		开户银行	工商银行和平区支行

人民币（大写）	千	百	十	万	千	百	十	元	角	分
玖万肆仟柒佰柒拾元整			¥	9	4	7	7	0	0	0

票据种类	汇票
票据张数	一张

单位主管　　会计　　复核　　记账　　　　收款人开户行盖章

2-14

中国工商银行　跨行支付系统收费凭条　凭证

INDUSTRIAL AND COMMERCIAL BANK OF OHINA

2017年08月02日

付款人名称：万山市黔西机械加工厂

付款人账号：2401500045621

服务项目：跨行支付汇兑

付费方式：转账

金额合计（大写）：陆拾元整

金额合计（小写）：¥60.00

地区号：02307　网点号：00107　操作柜员：0125　授权柜员：0105

2-15-1

5200081147

贵州增值税专用发票

发票联

№ 01253356　5200081147　01253356

开票日期：2017年8月3日

购买方	名　称：万山市黔西机械加工厂 纳税人识别号：915201025622137839 地址、电话：万山市和平区中心路398号 54525688 开户行及账号：工行万山市和平区支行 2401500045621				密码区	3/7+29*68-32《55<73+4/15+63 《74>17-3《25/27-88-2<3*6+82 <9*36-9-86+5*517-7+533192>4	
货物或应税劳务、服务名称	规格型号	单位	数量	单价	金额	税率	税额
设备维修费					300.00	17%	51.00
合　计					¥300.00		¥51.00
价税合计（大写）	⊗叁佰伍拾壹元整					（小写）¥351.00	
销售方	名　称：万山市通力机械设备公司 纳税人识别号：915201020192786502 地址、电话：万山市紫阳路169号 56206188 开户行及账号：工行万山市南区支行 2401500039526				备注		

第三联　发票联　购买方记账凭证

收款人：梁宗英　　复核：　　开票人：吴　芳　　销售方（章）：

2-15-2

万山市黔西机械加工厂

费 用 报 销 单

部门：厂部　　2017年8月3日　　编号：080

开支内容	金　额	计算方式
设备维修费	351.00	1.冲借款______元 2.转　账______元 3.汇　款______元 4.付现金 351.00 元
合计（大写）叁佰伍拾壹元整		

附单据1张

单位负责人：高黔西　会计主管：周致远　经手人：李光华　出纳：陈朝阳

2-16-1

5200081330

贵州增值税专用发票

此联不做报销、扣税凭证使用

№ 02534123　5200081330 02534123

开票日期：2017年8月3日

购买方	名　称：东阳市金山器械有限公司 纳税人识别号：915201020005489726 地址、电话：东阳市北海路890号 23738966 开户行及账号：工行东阳市朝东支行 3555400025711				密码区	6-5+3>27《68<33+7/8《4<16- 5*32<63-8-96*2+692*13/5<378 >2+56-9-86+5*517-7+533192>4	
货物或应税劳务、服务名称	规格型号	单位	数量	单价	金额	税率	税额
焊机		台	850	160.00	136 000.00	17%	23 120.00
合　计					¥136 000.00		¥23 120.00
价税合计（大写）	⊗壹拾伍万玖仟壹佰贰拾元整				（小写）¥159 120.00		
销售方	名　称：万山市黔西机械加工厂 纳税人识别号：915201025622137839 地址、电话：万山市和平区中心路398号 54525688 开户行及账号：工行万山市和平区支行 2401500045621				备注	万山市黔西机械加工厂 915201025622137839 发票专用章	

第一联 记账联 销售方记账凭证

收款人：陈朝阳　复核：周致远　开票人：张　勤　销售方（章）

2-16-2

中国工商银行进账单（收账通知）

2017年8月3日　　第325号

付款人	全　称	东阳市金山器械有限公司	收款人	全　称	万山市黔西机械加工厂
	账　号	3555400025711		账　号	2401500045621
	开户银行	工商银行东阳市朝东支行		开户银行	工商银行万山市和平区支行
人民币（大写）	壹拾伍万玖仟壹佰贰拾元整			千百十万千百十元角分	¥ 1 5 9 1 2 0 0 0
票据种类	转账支票				
票据张数	一张				
单位主管　会计　复核　记账				收款人开户行盖章	

中国工商银行 万山市和平区支行 转讫

2-17-1

5200081148

贵州增值税专用发票

发票联

№ 01237426　5200081148 01237426

开票日期：2017年8月3日

购买方	名　　称：万山市黔西机械加工厂 纳税人识别号：915201025622137839 地 址、电 话：万山市和平区中心路398号 54525688 开户行及账号：工行万山市和平区支行 2401500045621				密码区	5-2/76*12+35<823<6+53/6+27 《65-8>62/3《68-523<2-5*41+7 <5*66-9-86+5*517-7+533192>4	
货物或应税劳务、服务名称	规格型号	单位	数量	单价	金额	税率	税额
产品广告（广播）费		次/天	100	65.00	6 500.00	6%	390.00
合　计					¥6 500.00		¥390.00
价税合计（大写）	⊗陆仟捌佰玖拾元整					（小写）¥6 890.00	
销售方	名　　称：万山市广播电台 纳税人识别号：915201026355281311 地 址、电 话：万山市武成路30号 54335266 开户行及账号：工行万山市北区支行 2401500078356				备注	万山市广播电台 915201026355281311 发票专用章	

第三联 记账联 购买方记账凭证

收款人：刘光伟　　复核：　　开票人：刘光伟　　销售方（章）

2-17-2

中国工商银行
转账支票存根（万）

BX/02 03947286

附加信息

出票日期：2017年8月3日

收款人：	万山市广播电台
金　额：	¥6 890.00
用　途：	广告费

单位主管：　　会计：周致远

2-18

中国工商银行万山市和平区支行借款凭证（回单）

转账日期　　2017年8月3日　　对方科目　　传票编号：12

借款单位名称	万山市黔西机械加工厂	放款账号	6975-18	往来账号	2401500045621
借款金额	人民币（大写）	贰拾万元整		百 十 万 千 百 十 元 角 分	￥ 2 0 0 0 0 0 0
用途	生产周转	单位提出期限自2017年8月3日至2017年11月3日止		利率	4.50%
		银行提出期限自2017年8月3日至2017年11月3日止			
上列款项已入你方单位往来账户 此致 单位　　银行盖章			单位会计分录：		

分次偿还记录	日期（月 日）	偿还金额（百 十 万 千 百 十 元 角 分）	未还金额（百 十 万 千 百 十 元 角 分）	分次偿还计划	日期（月 日）	金额（千 百 十 万 千 百 十 元 角 分）

中国工商银行
万山市和平区支行
转讫

2-19-1

万山市黔西机械加工厂

办公用品领用表

2017年8月

领用车间和部门	领发数量			金额
	签字笔	书写稿纸	文件夹	
厂部管理部门	10	100	60	600.00
合计	10	100	60	600.00

审核：冯晓　　制表：赵刚　　领用人：张定昌

2-19-2

5200081138

贵州增值税专用发票

发票联

№ 01335135 5200081138
01335135
开票日期：2017年8月3日

购买方	名　　称：万山市黔西机械加工厂 纳税人识别号：915201025622137839 地 址、电 话：万山市和平区中心路398号 54525688 开户行及账号：工行万山市和平区支行 2401500045621				密码区	9+35-24*3/27<665/2<18+73+5《86>71-5/72{4-182*8-6<3<5+63*2	
货物或应税劳务、服务名称	规格型号	单位	数量	单价	金额	税率	税额
签字笔		盒	10	15.00	150.00	17%	25.50
书写稿纸		本	100	1.50	150.00	17%	25.50
文件夹		个	60	5.00	300.00	17%	51.00
合　计					¥600.00		¥102.00
价税合计（大写）	⊗柒佰零贰元整					（小写）¥702.00	
销售方	名　　称：万山市晨光办公用品公司 纳税人识别号：915201020233679157 地 址、电 话：万山市武威路280号 54365528 开户行及账号：工行万山市北区支行 2401500051972				备注		

第三联 发票联 购买方记账凭证

单位负责人：吴名香　　会计主管：　　经手人：吴名香　　销售方（章）：万山市晨光办公用品公司 915201020233679157 发票专用章

2-19-3

万山市黔西机械加工厂

费 用 报 销 单

部门：厂部　　2017年8月3日　　编号：080

开支内容	金　额	计算方式
签字笔	150.00	1.冲借款______元
书写稿纸	150.00	2.转　账______元
文件夹	300.00	3.汇　款______元
		4.付现金 600.00 元
合计（大写）陆佰元整		

附单据1张

单位负责人：高黔西　　会计主管：周致远　　经手人：张晓月　　出纳：陈朝阳

2-20-1

万山市黔西机械加工厂

差 旅 费 报 销 单

部门名称：市场营销部　　2017年8月3日

出差人		李凯力		共1人			事由			开会				自8月1日起 至8月3日止			共3天
出发时间				到达时间				火车票	卧铺票	汽车票	飞机票	市内车费	轮船	宿费	其他	餐费补助			合计金额
月	日	时	地点	月	日	时	地点									天数	标准	金额	
8	1	6	万山市	8	1	10	南京	132.00				256.00		400.00		3	20.00	60.00	848.00
8	3	14	南京	8	3	18	万山市	132.00											132.00
合　计								264.00				256.00		400.00				60.00	980.00
合计（大写）玖佰捌拾元整																			¥980.00

附单据19张

单位主管：李想　　部门负责人：陈佳东　　复核：周致远　　报销人：李凯力

2-20-2

万山市黔西机械加工厂

收 款 收 据

2017年8月3日　　　　第425号

交款单位或姓名	李凯力	
款项来源	交差旅费余款	
金　额	人民币（大写）	贰佰贰拾元整　　¥220.00

三 收款单位财务

万山市黔西机械加工厂 财务专用章

现金收讫

收款单位公章　　收款人：陈朝阳　　交款人：李凯力

2-21-1

机动车销售统一发票

发 票 联

全国统一发票监制章 贵州 国家税务总局监制

发票代码 152001623005

发票号码 00629873

开票日期：2017-11-06

机打代码	152001623005	税控码	205 − 80 < 47 / 315*217 + 573 < 443 + 18376 > 875 / 46 − 23《81 < 78 < 739 − 27*6653 > 26 − 467 > 29《73 / 19 − 25 + 8 < 7*46−9−86+5*517−7+533192>4		
机打号码	00629873				
机器编码	889905153176				
购买方名称及身份证号码/组织机构代码	万山市黔西机械加工厂 109410189	纳税人识别号	915201025622137839		
车辆类型	货车	厂牌型号	云雀汽车牌 / BOAG670BU	产地	贵州省
合格证号	WE92307	进口证明书号		商检单号	无
发动机号码	086572	车辆识别代码 / 车架号码	LS75H087515		
价税合计	⊗柒万零贰佰元整		小写 ¥70 200.00		
销货单位名称	万山市汽车经销公司	电话	54887756		
纳税人识别号	915201025330075628	账号	2872300055322		
地　址	万山市河滨南路166号	开户银行	工行万山市江中支行		
增值税税率或征收率	17%	增值税税额	¥10 200.00	主管税务机关及代码	万山市贵安区国家税务局 009410057
不含税价	小写¥60 000.00	完税凭证号码		吨位 5	限乘人数 3

第二联 发票联 购买方记账凭证（手开无效）

黔国税（2017）第25号2017年1月印（80万份×6）0000001−0080001 万山市新华印刷厂

万山市汽车经销公司 915201025330075628 发票专用章

销货单位盖章　　开票人：张丽　　备注：一车一票

2-21-2

万山市黔西机械加工厂

固 定 资 产 验 收 单

2017年8月3日

名称及型号	单　位	数　量	原始价值	来源方式	预计使用年限
载货汽车	辆	1	60 000.00	外购	15年

2-21-3

中国工商银行电汇凭证（回单）①

委托日期2017年8月3日　　第357号

汇款人	全　称	万山市黔西机械加工厂			收款人	全　称	万山市汽车经销公司	
	账　号或地址	工行2401500045621				账　号或地址	2872300055322	
	汇　出地　点	万山市	汇出行名　称	和平区支行		汇　入地　点	万山市	汇入行名　称	江中支行
金额	人民币（大写）	柒万零贰佰元整						

千	百	十	万	千	百	十	元	角	分
		¥	7	0	2	0	0	0	0

汇款用途：支付购车款及增值税

上列款项已根据委托办理，如须查询，请持此回单来行面洽。

（汇出行盖章）中国工商银行 万山市和平区支行 转讫

2017年8月3日

单位主管 李小平　会计 刘　丽　复核 李春林　记账 江琼花

2-22-1

万山市黔西机械加工厂

领　料　单

编　　号：120901

领用部门：生产车间　　2017年8月4日　　发料仓库：物料仓库

材料类别	名称及规格	计量单位	数量		金额		用　途
			请　领	实　领	单　价	总　额	
原料及主要材料	角　钢	吨	6	6	2 200.00	13 200.00	切管机
		吨	4	4	2 200.00	8 800.00	焊机
		吨	2	2	2 200.00	4 400.00	一般耗用
合　计			12	12	2 200.00	26 400.00	

第三联　记账联

发料人 陈　明　　记账　　领料部门负责人 郭　伟　　领料人 周　晨

2-22-2

万山市黔西机械加工厂

领　料　单

编　　号：120902

领用部门：生产车间　　2017年8月4日　　发料仓库：物料仓库

材料类别	名称及规格	计量单位	数量		金额		用　途
			请　领	实　领	单　价	总　额	
原料及主要材料	铸　铁	吨	10	10	1 650.00	16 500.00	切管机
		吨	12	12	1 650.00	19 800.00	焊机
		吨	3	3	1 650.00	4 950.00	一般耗用
合　计			25	25	1 650.00	41 250.00	

第三联　记账联

发料人 陈　明　　记账　　领料部门负责人 郭　伟　　领料人 周　晨

2-23-1

5200081143

贵州增值税专用发票

发票联

№ 01235467　5200081143 01235467

开票日期：2017年8月8日

购买方	名　　称：万山市黔西机械加工厂 纳税人识别号：915201025622137839 地　址、电　话：万山市和平区中心路398号 54525688 开户行及账号：工行万山市和平区支行 2401500045621	密码区	5-2《3/76 > 87+328<1+3*74《5 <7-55+6<25*6-36+4731*6/5+24 <79>9<7*26-9-86+5*517-7+533

货物或应税劳务、服务名称	规格型号	单位	数量	单价	金额	税率	税额
角钢		吨	28	2 000.00	56 000.00	17%	9 520.00
合　计					¥56 000.00		¥9 520.00
价税合计（大写）	⊗陆万伍仟伍佰贰拾元整						（小写）¥65 520.00

销售方	名　　称：临江市钢铁公司 纳税人识别号：915201029220000527 地　址、电　话：临江市中百路220号 35732584 开户行及账号：工行临江市河滨支行 4207800037512	备注	临江市钢铁公司 915201029220000527 发票专用章

收款人：刘晓华　　复核：王　彬　　开票人：刘晓华　　销售方（章）：

第三联 发票联 购买方记账凭证

2-23-2

5200081142

贵州增值税专用发票

发票联

№ 02136695　5200081142 02136695

开票日期：2017年8月8日

购买方	名　　称：万山市黔西机械加工厂 纳税人识别号：915201025622137839 地　址、电　话：万山市和平区中心路398号 54525688 开户行及账号：工行万山市和平区支行 2401500045621	密码区	3/1+62*78-32<753+56/21<7+5 《39>59-6《23/15-92<6+1*6-45 <7*26-9-86+5*517-7+533192>4

货物或应税劳务、服务名称	规格型号	单位	数量	单价	金额	税率	税额
运输费		吨	28	200.00	5 600.00	11%	616.00
合　计					¥5 600.00		¥616.00
价税合计（大写）	⊗陆仟贰佰壹拾陆元整						（小写）¥6 216.00

销售方	名　　称：临江市通达运输公司 纳税人识别号：915201020376198033 地　址、电　话：临江市华阳路169号 36636168 开户行及账号：工行临江市新华支行 4207533236532	备注	临江市通达运输公司 915201020376198033 发票专用章

收款人：李应涛　　复核：　　开票人：张　凡　　销售方（章）：

第三联 发票联 购买方记账凭证

2-23-3

万山市黔西机械加工厂

收 料 单

发票号：2135620　　　　2017年8月8日　　　　编号：177

供应单位	临江市钢铁公司		材料类别及编号		主要材料		
材料名称及规格	计量单位	数量		实际成本			
		发票	实收	发票价格	运杂费	总价	单价
角钢	吨	28	28	56 000.00	5 600.00	61 600.00	2 200.00
备注							

第二联　财会部门

核算：赵宾　　主管：李菲　　保管：吴宏　　检验：张立　　交库：刘艺

2-23-4

中国工商银行信汇凭证（回　单）1

第388号

委托日期2017年8月8日

收款人	全称	临江市钢铁公司		汇款人	全称	万山市黔西机械加工厂	
	账号或地址	4207800037512			账号或地址	2401500045621	
	汇入地点	临江 市/县	汇入行名称：河滨支行		汇出地点	万山 市/县	汇出行名称：和平区支行

金额	人民币（大写）	千	百	十	万	千	百	十	元	角	分
	陆万伍仟伍佰贰拾元整			¥	6	5	5	2	0	0	0

汇款用途：支付货款及增值税

上列款项已根据委托办理，如须查询，请持此回单来行面洽。

（汇出行盖章）　中国工商银行 万山市和平区支行 转讫　2017年8月4日

单位主管李小平　　会计刘丽　　复核李春林　　记账江琼花

此联是汇出行给汇款人的回单

2-23-5

中国工商银行
转账支票存根(万)

BX/02 03947287

附加信息

出票日期：*2017*年*8*月*8*日

收款人：	临江市通达运输公司
金　额：	¥*6 216.00*
用　途：	运费

单位主管：　　会计：周致远

2-24

中国工商银行
现金支票存根(万)

BX/02 03947310

附加信息

出票日期：*2017*年*8*月*11*日

收款人：	万山市黔西机械加工厂
金　额：	¥*120 000.00*
用　途：	发放工资

陈朝阳

单位主管：　　会计：周致远

2-25

8月份工资结算汇总表

单位：万山市黔西机械加工厂　　*2017*年*8*月*11*日　　单位：元

序号	部门	人数	页数	基本工资	加班	夜班	津贴补贴	扣减 病假	扣减 事假	应付工资	代扣款 房租	代扣款 电费	代扣款	实发金额	签章
1	管理部门	*10*		*21 000.00*			*1 000.00*			*22 000.00*				*22 000.00*	
2	车间 生产工人	*20*		*40 000.00*	*11 100.00*	*11 400.00*				*62 500.00*				*62 500.00*	
	车间 管理人员	*5*		*10 500.00*	*2 250.00*	*2 250.00*				*15 000.00*				*15 000.00*	
合计		*35*								*99 500.00*				*99 500.00*	

会计主管：周致远　　复核：李　培　　制表：赵　宾

2-28-1

万山市黔西机械加工厂

电 费 分 配 表

2017年8月23日

使用部门	用电度数	单价	分配金额
生产车间	8 750	0.80	7 000.00
管理部门	6 000	0.80	4 800.00
合 计			11 800.00

会计主管：周致远　　稽核：李 培　　制单人：秦 丽

2-28-2

5200081141

贵州增值税专用发票

发票联

№ 01283657　5200081141　01283657

开票日期：2017年8月23日

购买方	名　　称：万山市黔西机械加工厂 纳税人识别号：915201025622137839 地 址、电 话：万山市和平区中心路398号 54525688 开户行及账号：工行万山市和平区支行 2401500045621				密码区	7-2/5*34+68<758<3+72/4+7《32 6-13>6/23《7-835<8-42*3+9< 6*26-9-86+5*517-7+533192>4	
货物或应税劳务、服务名称	规格型号	单位	数 量	单 价	金 额	税率	税 额
电费		KW·h	14 750	0.80	11 800.00	17%	2 006.00
合 计					¥11 800.00		¥2 006.00
价税合计（大写）	⊗壹万叁仟捌佰零陆元整						（小写）¥13 806.00
销售方	名　　称：万山市市南供电局 纳税人识别号：915201023877603595 地 址、电 话：万山市平安路170号 54225177 开户行及账号：工行万山市南区支行 2401500068712				备注	万山市市南供电局 915201023877603595 发票专用章	

收款人：李佳能　　复核：　　开票人：　　销售方（章）：

第三联 发票联 购买方记账凭证

2-28-3

中国工商银行

转账支票存根（万）

$\frac{BX}{02}$03947288

附加信息

出票日期：2017年8月23日

收款人：	万山市市南供电局
金　额：	¥13 806.00
用　途：	电费

单位主管：　　会计：周致远

2-29-1

万山市黔西机械加工厂

水 费 分 配 表

2017年8月27日

使用部门	分配率	分配金额
生产车间	68.18%	6 000.00
管理部门	31.82%	2 800.00
合 计	100%	8 800.00

会计主管：周致远　　稽核：李 培　　制表：赵 宾

2-29-2

5200081155

贵州增值税专用发票

全国统一发票监制章 贵州 国家税务总局监制

发票联

№ 01265532　5200081155 01265532

开票日期：2017年8月27日

购买方	名 称：万山市黔西机械加工厂 纳税人识别号：915201025622137839 地 址、电 话：万山市和平区中心路398号 54525688 开户行及账号：工行万山市和平区支行 2401500045621				密码区	5-9/84*12+53<63<75+3/68+26 《32-76>5/9《82-736<9-3*27+5< 4*86-9-86+5*517-7+533192>4	
货物或应税劳务、服务名称	规格型号	单位	数 量	单 价	金 额	税率	税 额
水费		吨	4 400	2.00	8 800.00	11%	968.00
合 计					¥8 800.00		¥968.00
价税合计（大写）	⊗玖仟柒佰陆拾捌元整					（小写）	¥9 768.00
销售方	名 称：万山市自来水公司 纳税人识别号：915201025874621136 地 址、电 话：临万山市长征路220号 54336698 开户行及账号：工行万山市长征支行 2401500036459				备注	万山市自来水公司 915201025874621136 发票专用章	

第三联 发票联 购买方记账凭证

收款人：金 娜　　复核：　　开票人：　　销售方（章）：

2-29-3

中国工商银行

转账支票存根（万）

BX 02 03947289

附加信息

出票日期：2017年8月27日

收款人：	万山市自来水公司
金 额：	¥9 768.00
用 途：	水费

单位主管：　　会计：周致远

2-30

万山市黔西机械加工厂

固定资产折旧计算表

2017年8月31日

使用单位	固定资产类别	固定资产原值	月折旧率(%)	月折旧额
车间	房屋	1 700 000.00	0.88	14 960.00
	机器设备	327 500.00	0.8	2 620.00
	小计	2 027 500.00		17 580.00
厂部管理部门	房屋	1 000 000.00	0.2	2 000.00
	机器设备	500 000.00	0.8	4 000.00
	小计	1 500 000.00		6 000.00
合计		3 527 500.00		23 580.00

复核：李培　　制表：赵宾

2-31

万山市黔西机械加工厂

费用计提表

2017年8月31日

费用项目	计提依据	计提金额(元)
短期借款利息	$200\ 000 \times 4.5\% \times \frac{1}{12}$	750.00
合计		750.00

会计主管：周致远　　审核：李培　　制表：赵宾

2-32

万山市黔西机械加工厂

工 资 费 用 分 配 表

2017年8月31日

分配对象		分配标准（生产工人工时）	分配率	分配额
生产成本	切管机	3 250	10	32500.00
	焊 机	3 000	10	30000.00
	小 计	6 250	10	62500.00
制造费用				15000.00
管理费用				22000.00
合 计				99500.00

复核：李 培　　　　制表：赵 宾

2-33-1

5200081150　　**贵州增值税普通发票**　　№ 01327838　5200081150

01327838

发票联

开票日期：2017年8月31日

购买方	名　　称：万山市黔西机械加工厂 纳税人识别号：915201025622137839 地 址、电 话：万山市和平区中心路398号 54525688 开户行及账号：工行万山市和平区支行 2401500045621				密码区	5-9/84*12+53<613<75+3/68+26 《32-76>5/9《82-736<9-3*27+5 <4*836-9-86+5*517-7+533192>	
货物或应税劳务、服务名称	规格型号	单位	数量	单价	金额	税率	税额
劳保服		批	1	11 905.98	11 905.98	17%	2 024.02
合 计					¥11 905.98		¥2 024.02
价税合计（大写）	⊗壹万叁仟玖佰叁拾元整					（小写）¥13 930.00	
销售方	名　　称：万山市劳保用品公司 纳税人识别号：915201023356753329 地 址、电 话：万山市黄河路98号 54553966 开户行及账号：工行万山市黄河支行 2401500028762				备注	万山市劳保用品公司 915201023356753329 发票专用章	

第二联 发票联 购买方记账凭证

收款人：黄丽娜　　复核：　　开票人：黄丽娜　　销售方（章）：

2-33-2

中国工商银行

转账支票存根(万)

$\frac{BX}{02}$03947290

附加信息

出票日期：2017年8月31日

收款人：万山市劳保用品公司	
金　额：¥13 930.00	
用　途：劳保服	

单位主管：　　会计：周致远

2-33-3

万山市黔西机械加工厂

福利用品发放清册

品名：劳保服　　2017年8月31日　　编号：085

领用部门	发放数量	金额(元)	领用人
切割机生产工人	一批	4 550.00	李冠伟
焊机生产工人	一批	4 200.00	赵平华
车间管理人员	一批	2 100.00	徐莉莉
厂部管理人员	一批	3 080.00	王　欢
合　计		13 930.00	

会计主管：周致远　　审核：冯　晓　　制表：赵　刚

2-34

万山市黔西机械加工厂

制造费用分配表

2017年8月31日

分配对象（产品名称）	分配标准（产品耗用工时）	分配率	分配额
切管机	2 450	10	24 500.00
焊　机	3 253	10	32 530.00
合　计	5 703	10	57 030.00

复核：李　培　　制表：赵　宾

2-35-1

万山市黔西机械加工厂

产品成本计算单

2017年8月31日

产品名称		直接材料	直接人工	制造费用	合计
切管机（100台）	总成本	6 200.00	5 000.00	1 400.00	12 600.00
	单位成本	62.00	50.00	14.00	126.00
焊机（300台）	总成本	19 000.00	12 100.00	4 000.00	35 100.00
	单位成本	63.33	40.33	13.34	117.00
全部产品成本合计					47 700.00

复核：李培　　制表：赵宾

2-35-2

万山市黔西机械加工厂

产成品交库单

生产部门：生产车间　　2017年8月31日　　第00205号

工号	铸件名称	规格	单位	单价	数量	总价
	切管机		台	126.00	100	12 600.00
	焊机		台	117.00	300	35 100.00
备注				检验人 陈磊		入库人 周晓娜

第四联 送财会部门

会计主管：　　复核：李培　　记账：　　制单：赵宾

2-36

万山市黔西机械加工厂

产品出库单

2017年8月31日　　编号：123

类别及编号	名称及规格	计量单位	数量	单位成本	总成本	备注
	切管机	台	950	126.00	119 700.00	
	焊机	台	850	117.00	99 450.00	
合计					219 150.00	

第二联 记账联

记账：　　保管：吴宏　　复核：李培　　制单：赵宾

2-37

万山市黔西机械加工厂

应交税费计算表

2017年8月31日

税目	增值税			消费税	计税（费）额	税（费）率（%）	应缴税（费）额
	进项税额	销项税额	应交税额				
城建税	47 383.00	52 190.00	4 807.00		4 807.00	7%	336.49
教育费附加	47 383.00	52 190.00	4 807.00		4 807.00	3%	144.21
合计							480.70

会计主管：周致远　　审核：李培　　制表：赵宾

2-40

万山市黔西机械加工厂

所得税计算表

2017年8月31日

利润总额	应税所得	税率	应纳税款
38 599.30	38 599.30	25%	9 649.83

复核：李培　　制表：赵宾

2-41-1

中华人民共和国

税收完税凭证

地

（2017）黔地证01807326

填发日期：2017年8月31日　　税务机关：万山市和平区地方税务局

纳税人识别号	915201025622137839			纳税人名称	万山市黔西机械加工厂
原凭证号	税种	品目名称	税款所属时期	入（退）库日期	实缴（退）金额
	城建税	工业生产	2017年8月1日至31日		336.49
金额合计	（大写）叁佰叁拾陆元肆角玖分				
税务机关（盖章）		填票人 祝玉婷	备注		

第一联（收据）交纳税人作完税证明

妥善保管、手写无效

2-41-2

中华人民共和国

税收完税凭证

地

（2017）黔地证01807327

填发日期：2017年8月31日　　税务机关：万山市和平区地方税务局

纳税人识别号	915201025622137839			纳税人名称	万山市黔西机械加工厂
原凭证号	税种	品目名称	税款所属时期	入（退）库日期	实缴（退）金额
	教育费附加	工业生产	2017年8月1日至31日		144.21
金额合计	（大写）壹佰肆拾肆元贰角壹分				
税务机关（盖章）		填票人 祝玉婷	备注		

第一联（收据）交纳税人作完税证明

妥善保管、手写无效

2-41-3

中华人民共和国
税收完税凭证

国

（2017）黔国证 00385218

填发日期：2017年8月31日　　税务机关：万山市和平区国家税务局

纳税人识别号	915201025622137839		纳税人名称	万山市黔西机械加工厂	
原凭证号	税种	品目名称	税款所属时期	入（退）库日期	实缴（退）金额
	增值税	工业生产	2017年8月1日至31日		4 807.00
金额合计	（大写）肆仟捌佰零柒元整				
税务机关（盖章）	填票人 李贵菊	备注			

万山市和平区国家税务局 18号 征税专用章

第一联（收据）交纳税人作完税证明

妥善保管、手写无效

2-41-4

中华人民共和国
税收完税凭证

国

（2017）黔国证 00385219

填发日期：2017年8月31日　　税务机关：万山市和平区国家税务局

纳税人识别号	915201025622137839		纳税人名称	万山市黔西机械加工厂	
原凭证号	税种	品目名称	税款所属时期	入（退）库日期	实缴（退）金额
	所得税	工业生产	2017年8月1日至31日		9 649.83
金额合计	（大写）玖仟陆佰肆拾玖元捌角叁分				
税务机关（盖章）	填票人 李贵菊	备注			

万山市和平区国家税务局 18号 征税专用章

第一联（收据）交纳税人作完税证明

妥善保管、手写无效

第三部分 模拟实验材料

收款凭证

借方科目：　　　　　　年　月　日　　　　　　____字 第____号

摘要	贷方科目		金额											记账符号
	总账科目	明细科目	亿	千	百	十	万	千	百	十	元	角	分	
合计金额														

附原始凭证　张

会计主管　　记账　　稽核　　出纳　　制单

收款凭证

借方科目：　　　　　　年　月　日　　　　　　____字 第____号

摘要	贷方科目		金额											记账符号
	总账科目	明细科目	亿	千	百	十	万	千	百	十	元	角	分	
合计金额														

附原始凭证　张

会计主管　　记账　　稽核　　出纳　　制单

收款凭证

借方科目：　　　　　　　　年　　月　　日　　　　　　　　____字 第____号

摘要	贷方科目		金额											记账符号
	总账科目	明细科目	亿	千	百	十	万	千	百	十	元	角	分	
合计金额														

附原始凭证　　张

会计主管　　　记账　　　稽核　　　出纳　　　制单

收款凭证

借方科目：　　　　　　　　年　　月　　日　　　　　　　　____字 第____号

摘要	贷方科目		金额											记账符号
	总账科目	明细科目	亿	千	百	十	万	千	百	十	元	角	分	
合计金额														

附原始凭证　　张

会计主管　　　记账　　　稽核　　　出纳　　　制单

收款凭证

借方科目：　　　　　　年　月　日　　　　　　____字第____号

摘要	贷方科目		金额											记账符号
	总账科目	明细科目	亿	千	百	十	万	千	百	十	元	角	分	
合计金额														

附原始凭证　张

会计主管　　记账　　稽核　　出纳　　制单

收款凭证

借方科目：　　　　　　年　月　日　　　　　　____字第____号

摘要	贷方科目		金额											记账符号
	总账科目	明细科目	亿	千	百	十	万	千	百	十	元	角	分	
合计金额														

附原始凭证　张

会计主管　　记账　　稽核　　出纳　　制单

收 款 凭 证

借方科目：　　　　年　　月　　日　　　　____字 第____号

摘要	贷方科目		金额											记账符号
	总账科目	明细科目	亿	千	百	十	万	千	百	十	元	角	分	
合计金额														

附原始凭证　　张

会计主管　　记账　　稽核　　出纳　　制单

收 款 凭 证

借方科目：　　　　年　　月　　日　　　　____字 第____号

摘要	贷方科目		金额											记账符号
	总账科目	明细科目	亿	千	百	十	万	千	百	十	元	角	分	
合计金额														

附原始凭证　　张

会计主管　　记账　　稽核　　出纳　　制单

付　款　凭　证

贷方科目：　　　　　　　　　　年　　月　　日　　　　　　　　　　____字 第____号

摘　要	借方科目		金　额											记账符号
	总账科目	明细科目	亿	千	百	十	万	千	百	十	元	角	分	
合　计　金　额														

附原始凭证　　张

会计主管　　　　记账　　　　稽核　　　　出纳　　　　制单

付　款　凭　证

贷方科目：　　　　　　　　　　年　　月　　日　　　　　　　　　　____字 第____号

摘　要	借方科目		金　额											记账符号
	总账科目	明细科目	亿	千	百	十	万	千	百	十	元	角	分	
合　计　金　额														

附原始凭证　　张

会计主管　　　　记账　　　　稽核　　　　出纳　　　　制单

付款凭证

贷方科目：　　　　　　　　　年　　月　　日　　　　　　　　　____字 第____号

摘要	借方科目		金额											记账符号
	总账科目	明细科目	亿	千	百	十	万	千	百	十	元	角	分	
合计金额														

附原始凭证　　张

会计主管　　　　记账　　　　稽核　　　　出纳　　　　制单

付款凭证

贷方科目：　　　　　　　　　年　　月　　日　　　　　　　　　____字 第____号

摘要	借方科目		金额											记账符号
	总账科目	明细科目	亿	千	百	十	万	千	百	十	元	角	分	
合计金额														

附原始凭证　　张

会计主管　　　　记账　　　　稽核　　　　出纳　　　　制单

付 款 凭 证

贷方科目：　　　　　　　　年　　月　　日　　　　　　　　____字 第____号

摘要	借方科目		金额											记账符号
	总账科目	明细科目	亿	千	百	十	万	千	百	十	元	角	分	
合计金额														

附原始凭证　　张

会计主管　　　记账　　　稽核　　　出纳　　　制单

付 款 凭 证

贷方科目：　　　　　　　　年　　月　　日　　　　　　　　____字 第____号

摘要	借方科目		金额											记账符号
	总账科目	明细科目	亿	千	百	十	万	千	百	十	元	角	分	
合计金额														

附原始凭证　　张

会计主管　　　记账　　　稽核　　　出纳　　　制单

付 款 凭 证

贷方科目：　　　　　　年　　月　　日　　　　　　____字 第____号

摘要	借方科目		金额											记账符号
	总账科目	明细科目	亿	千	百	十	万	千	百	十	元	角	分	
合计金额														

附原始凭证　　张

会计主管　　　记账　　　稽核　　　出纳　　　制单

付 款 凭 证

贷方科目：　　　　　　年　　月　　日　　　　　　____字 第____号

摘要	借方科目		金额											记账符号
	总账科目	明细科目	亿	千	百	十	万	千	百	十	元	角	分	
合计金额														

附原始凭证　　张

会计主管　　　记账　　　稽核　　　出纳　　　制单

付 款 凭 证

贷方科目：　　　　　　年　　月　　日　　　　　　____字 第____号

摘　要	借方科目		金额											记账符号
	总账科目	明细科目	亿	千	百	十	万	千	百	十	元	角	分	
合 计 金 额														

附原始凭证　　张

会计主管　　　记账　　　稽核　　　出纳　　　制单

付 款 凭 证

贷方科目：　　　　　　年　　月　　日　　　　　　____字 第____号

摘　要	借方科目		金额											记账符号
	总账科目	明细科目	亿	千	百	十	万	千	百	十	元	角	分	
合 计 金 额														

附原始凭证　　张

会计主管　　　记账　　　稽核　　　出纳　　　制单

付款凭证

贷方科目：　　　　年　月　日　　　　____字 第____号

摘要	借方科目		金额											记账符号
	总账科目	明细科目	亿	千	百	十	万	千	百	十	元	角	分	
合计金额														

附原始凭证　张

会计主管　　记账　　稽核　　出纳　　制单

付款凭证

贷方科目：　　　　年　月　日　　　　____字 第____号

摘要	借方科目		金额											记账符号
	总账科目	明细科目	亿	千	百	十	万	千	百	十	元	角	分	
合计金额														

附原始凭证　张

会计主管　　记账　　稽核　　出纳　　制单

付款凭证

贷方科目：　　　　　年　月　日　　　　　____字 第____号

摘要	借方科目		金额											记账符号
	总账科目	明细科目	亿	千	百	十	万	千	百	十	元	角	分	
合计金额														

附原始凭证　张

会计主管　　记账　　稽核　　出纳　　制单

付款凭证

贷方科目：　　　　　年　月　日　　　　　____字 第____号

摘要	借方科目		金额											记账符号
	总账科目	明细科目	亿	千	百	十	万	千	百	十	元	角	分	
合计金额														

附原始凭证　张

会计主管　　记账　　稽核　　出纳　　制单

付款凭证

贷方科目：　　　　　　年　月　日　　　　　　____字 第____号

摘要	借方科目		金额											记账符号
	总账科目	明细科目	亿	千	百	十	万	千	百	十	元	角	分	
合计金额														

附原始凭证　张

会计主管　　记账　　稽核　　出纳　　制单

付款凭证

贷方科目：　　　　　　年　月　日　　　　　　____字 第____号

摘要	借方科目		金额											记账符号
	总账科目	明细科目	亿	千	百	十	万	千	百	十	元	角	分	
合计金额														

附原始凭证　张

会计主管　　记账　　稽核　　出纳　　制单

付款凭证

贷方科目：　　　　　年　　月　　日　　　　　____字 第____号

摘要	借方科目		金额											记账符号
	总账科目	明细科目	亿	千	百	十	万	千	百	十	元	角	分	
合计金额														

附原始凭证　　张

会计主管　　　记账　　　稽核　　　出纳　　　制单

付款凭证

贷方科目：　　　　　年　　月　　日　　　　　____字 第____号

摘要	借方科目		金额											记账符号
	总账科目	明细科目	亿	千	百	十	万	千	百	十	元	角	分	
合计金额														

附原始凭证　　张

会计主管　　　记账　　　稽核　　　出纳　　　制单

付 款 凭 证

贷方科目：　　　　　　　　年　月　日　　　　　　　　____字 第____号

摘要	借方科目		金额											记账符号
	总账科目	明细科目	亿	千	百	十	万	千	百	十	元	角	分	
合计金额														

附原始凭证　张

会计主管　　记账　　稽核　　出纳　　制单

付 款 凭 证

贷方科目：　　　　　　　　年　月　日　　　　　　　　____字 第____号

摘要	借方科目		金额											记账符号
	总账科目	明细科目	亿	千	百	十	万	千	百	十	元	角	分	
合计金额														

附原始凭证　张

会计主管　　记账　　稽核　　出纳　　制单

付款凭证

贷方科目：　　　　　　年　月　日　　　　　　＿＿字 第＿＿号

摘要	借方科目		金额											记账符号
	总账科目	明细科目	亿	千	百	十	万	千	百	十	元	角	分	
合计金额														

附原始凭证　张

会计主管　　记账　　稽核　　出纳　　制单

付款凭证

贷方科目：　　　　　　年　月　日　　　　　　＿＿字 第＿＿号

摘要	借方科目		金额											记账符号
	总账科目	明细科目	亿	千	百	十	万	千	百	十	元	角	分	
合计金额														

附原始凭证　张

会计主管　　记账　　稽核　　出纳　　制单

转 账 凭 证

年 月 日 ____字 第____号

摘要	总账科目	明细科目	借方金额											贷方金额											记账符号
			亿	千	百	十	万	千	百	十	元	角	分	亿	千	百	十	万	千	百	十	元	角	分	
合计																									

附原始凭证 张

会计主管 记账 稽核 制单

转 账 凭 证

年 月 日 ____字 第____号

摘要	总账科目	明细科目	借方金额											贷方金额											记账符号
			亿	千	百	十	万	千	百	十	元	角	分	亿	千	百	十	万	千	百	十	元	角	分	
合计																									

附原始凭证 张

会计主管 记账 稽核 制单

转 账 凭 证

年　　月　　日　　　　　　　　　　　　____字 第____号

<table>
<tr><td rowspan="2">摘　要</td><td rowspan="2">总账科目</td><td rowspan="2">明细科目</td><td colspan="11">借方金额</td><td colspan="11">贷方金额</td><td rowspan="2">记账符号</td></tr>
<tr><td>亿</td><td>千</td><td>百</td><td>十</td><td>万</td><td>千</td><td>百</td><td>十</td><td>元</td><td>角</td><td>分</td><td>亿</td><td>千</td><td>百</td><td>十</td><td>万</td><td>千</td><td>百</td><td>十</td><td>元</td><td>角</td><td>分</td></tr>
<tr><td rowspan="6"></td><td></td><td></td><td></td><td></td><td></td><td></td><td></td><td></td><td></td><td></td><td></td><td></td><td></td><td></td><td></td><td></td><td></td><td></td><td></td><td></td><td></td><td></td><td></td><td></td></tr>
<tr><td></td><td></td><td></td><td></td><td></td><td></td><td></td><td></td><td></td><td></td><td></td><td></td><td></td><td></td><td></td><td></td><td></td><td></td><td></td><td></td><td></td><td></td><td></td><td></td></tr>
<tr><td></td><td></td><td></td><td></td><td></td><td></td><td></td><td></td><td></td><td></td><td></td><td></td><td></td><td></td><td></td><td></td><td></td><td></td><td></td><td></td><td></td><td></td><td></td><td></td></tr>
<tr><td></td><td></td><td></td><td></td><td></td><td></td><td></td><td></td><td></td><td></td><td></td><td></td><td></td><td></td><td></td><td></td><td></td><td></td><td></td><td></td><td></td><td></td><td></td><td></td></tr>
<tr><td></td><td></td><td></td><td></td><td></td><td></td><td></td><td></td><td></td><td></td><td></td><td></td><td></td><td></td><td></td><td></td><td></td><td></td><td></td><td></td><td></td><td></td><td></td><td></td></tr>
<tr><td></td><td></td><td></td><td></td><td></td><td></td><td></td><td></td><td></td><td></td><td></td><td></td><td></td><td></td><td></td><td></td><td></td><td></td><td></td><td></td><td></td><td></td><td></td><td></td></tr>
<tr><td colspan="3">合　计</td><td></td><td></td><td></td><td></td><td></td><td></td><td></td><td></td><td></td><td></td><td></td><td></td><td></td><td></td><td></td><td></td><td></td><td></td><td></td><td></td><td></td><td></td><td></td></tr>
</table>

附原始凭证　　张

会计主管　　　　　　记账　　　　　　稽核　　　　　　制单

转 账 凭 证

年　　月　　日　　　　　　　　　　　　____字 第____号

<table>
<tr><td rowspan="2">摘　要</td><td rowspan="2">总账科目</td><td rowspan="2">明细科目</td><td colspan="11">借方金额</td><td colspan="11">贷方金额</td><td rowspan="2">记账符号</td></tr>
<tr><td>亿</td><td>千</td><td>百</td><td>十</td><td>万</td><td>千</td><td>百</td><td>十</td><td>元</td><td>角</td><td>分</td><td>亿</td><td>千</td><td>百</td><td>十</td><td>万</td><td>千</td><td>百</td><td>十</td><td>元</td><td>角</td><td>分</td></tr>
<tr><td rowspan="6"></td><td></td><td></td><td></td><td></td><td></td><td></td><td></td><td></td><td></td><td></td><td></td><td></td><td></td><td></td><td></td><td></td><td></td><td></td><td></td><td></td><td></td><td></td><td></td><td></td></tr>
<tr><td></td><td></td><td></td><td></td><td></td><td></td><td></td><td></td><td></td><td></td><td></td><td></td><td></td><td></td><td></td><td></td><td></td><td></td><td></td><td></td><td></td><td></td><td></td><td></td></tr>
<tr><td></td><td></td><td></td><td></td><td></td><td></td><td></td><td></td><td></td><td></td><td></td><td></td><td></td><td></td><td></td><td></td><td></td><td></td><td></td><td></td><td></td><td></td><td></td><td></td></tr>
<tr><td></td><td></td><td></td><td></td><td></td><td></td><td></td><td></td><td></td><td></td><td></td><td></td><td></td><td></td><td></td><td></td><td></td><td></td><td></td><td></td><td></td><td></td><td></td><td></td></tr>
<tr><td></td><td></td><td></td><td></td><td></td><td></td><td></td><td></td><td></td><td></td><td></td><td></td><td></td><td></td><td></td><td></td><td></td><td></td><td></td><td></td><td></td><td></td><td></td><td></td></tr>
<tr><td></td><td></td><td></td><td></td><td></td><td></td><td></td><td></td><td></td><td></td><td></td><td></td><td></td><td></td><td></td><td></td><td></td><td></td><td></td><td></td><td></td><td></td><td></td><td></td></tr>
<tr><td colspan="3">合　计</td><td></td><td></td><td></td><td></td><td></td><td></td><td></td><td></td><td></td><td></td><td></td><td></td><td></td><td></td><td></td><td></td><td></td><td></td><td></td><td></td><td></td><td></td><td></td></tr>
</table>

附原始凭证　　张

会计主管　　　　　　记账　　　　　　稽核　　　　　　制单

转 账 凭 证

年 月 日 ____字 第____号

摘要	总账科目	明细科目	借方金额											贷方金额											记账符号
			亿	千	百	十	万	千	百	十	元	角	分	亿	千	百	十	万	千	百	十	元	角	分	
合计																									

附原始凭证 张

会计主管 记账 稽核 制单

转 账 凭 证

年 月 日 ____字 第____号

摘要	总账科目	明细科目	借方金额											贷方金额											记账符号
			亿	千	百	十	万	千	百	十	元	角	分	亿	千	百	十	万	千	百	十	元	角	分	
合计																									

附原始凭证 张

会计主管 记账 稽核 制单

转 账 凭 证

年 月 日　　　　____字 第____号

摘要	总账科目	明细科目	借方金额											贷方金额											记账符号
			亿	千	百	十	万	千	百	十	元	角	分	亿	千	百	十	万	千	百	十	元	角	分	
合计																									

附原始凭证　张

会计主管　　记账　　稽核　　制单

转 账 凭 证

年 月 日　　　　____字 第____号

摘要	总账科目	明细科目	借方金额											贷方金额											记账符号
			亿	千	百	十	万	千	百	十	元	角	分	亿	千	百	十	万	千	百	十	元	角	分	
合计																									

附原始凭证　张

会计主管　　记账　　稽核　　制单

转账凭证

年 月 日　　　　____字 第____号

摘要	总账科目	明细科目	借方金额											贷方金额											记账符号
			亿	千	百	十	万	千	百	十	元	角	分	亿	千	百	十	万	千	百	十	元	角	分	
合计																									

附原始凭证　张

会计主管　　记账　　稽核　　制单

转账凭证

年 月 日　　　　____字 第____号

摘要	总账科目	明细科目	借方金额											贷方金额											记账符号
			亿	千	百	十	万	千	百	十	元	角	分	亿	千	百	十	万	千	百	十	元	角	分	
合计																									

附原始凭证　张

会计主管　　记账　　稽核　　制单

转 账 凭 证

年　月　日　　　　____字 第____号

摘　要	总账科目	明细科目	借方金额											贷方金额											记账符号
			亿	千	百	十	万	千	百	十	元	角	分	亿	千	百	十	万	千	百	十	元	角	分	
合　计																									

附原始凭证　张

会计主管　　记账　　稽核　　制单

转 账 凭 证

年　月　日　　　　____字 第____号

摘　要	总账科目	明细科目	借方金额											贷方金额											记账符号
			亿	千	百	十	万	千	百	十	元	角	分	亿	千	百	十	万	千	百	十	元	角	分	
合　计																									

附原始凭证　张

会计主管　　记账　　稽核　　制单

转 账 凭 证

年　　月　　日　　　　　　　　____字 第____号

摘　　要	总账科目	明细科目	借方金额											贷方金额											记账符号
			亿	千	百	十	万	千	百	十	元	角	分	亿	千	百	十	万	千	百	十	元	角	分	
合　　计																									

附原始凭证　　张

会计主管　　　　记账　　　　稽核　　　　制单

转 账 凭 证

年　　月　　日　　　　　　　　____字 第____号

摘　　要	总账科目	明细科目	借方金额											贷方金额											记账符号
			亿	千	百	十	万	千	百	十	元	角	分	亿	千	百	十	万	千	百	十	元	角	分	
合　　计																									

附原始凭证　　张

会计主管　　　　记账　　　　稽核　　　　制单

转 账 凭 证

年　月　日

____字 第____号

摘要	总账科目	明细科目	借方金额											贷方金额											记账符号
			亿	千	百	十	万	千	百	十	元	角	分	亿	千	百	十	万	千	百	十	元	角	分	
合计																									

附原始凭证　张

会计主管　　记账　　稽核　　制单

转 账 凭 证

年　月　日

____字 第____号

摘要	总账科目	明细科目	借方金额											贷方金额											记账符号
			亿	千	百	十	万	千	百	十	元	角	分	亿	千	百	十	万	千	百	十	元	角	分	
合计																									

附原始凭证　张

会计主管　　记账　　稽核　　制单

实验3　日记账的登记

第一部分　实验预备知识

一、会计账簿概述

（一）会计账簿的概念与意义

会计账簿一般简称账簿，它是按照会计科目开设账户、账页，用来序时地、分类地登记一定时期全部经济交易或事项的簿籍。账簿是账户或会计科目的“载体”。设置和登记账簿，是会计核算的一种重要方法。

设置和登记账簿，是对会计信息进行加工整理的一种专门方法，是会计核算工作的一个重要环节，对加强经济管理具有十分重要的意义，可以概括如下：

1.账簿是系统地归纳和积累会计核算资料的工具，通过登记账簿，把分散的核算资料系统化，全面、完整地反映资金增减变动情况，为经济管理提供总括和明细的核算指标，监督各项财产的妥善保管，促进资金的合理使用。

2.账簿提供的核算资料是进行成本计算和编制财务报告的依据。成本计算、财务报告编制是否正确及时，都与账簿设置和登记的质量有密切关系。

3.利用账簿所提供的核算资料，可以开展会计分析和会计检查，以便考核计划完成情况，评价企业经营成果的好坏，改善经营管理。

（二）会计账簿的种类

1.账簿按其用途的分类

账簿按其用途分为序时账簿、分类账簿和备查账簿三类。

（1）序时账簿

序时账簿，亦称日记账，是按照经济交易或事项发生的时间先后顺序逐日逐笔登记经济交易或事项的账簿。按其记录内容的不同，序时账簿可分为通用日记账和专用日记账两种。

通用日记账也称普通日记账、分录日记账、分录簿，是用来登记企业全部经济交易或事项会计分录的日记账。设置专用日记账的企业一般不再设置通用日记账，设置通用日记账的企业一般不再设置专用日记账，以免重复设账、记账。

专用日记账也称特种日记账，是专门登记某一类经济交易或事项的日记账，如库存现金日记账、银行存款日记账、材料采购日记账和商品销售日记账等。各单位采用的专用日记账主要有库存现金日记账和银行存款日记账。

（2）分类账簿

分类账簿通常称分类账，是对全部交易或事项按总分类账户和明细分类账户进行分类登记的账簿。按分类账提供指标的详细程度不同，分类账簿可分为总分类账簿和明细分类账簿两种。

总分类账簿，简称总账，是根据总分类科目开设的，用以记录一定时期内全部的交易或事项，提供总括核算资料的分类账簿。

明细分类账簿，简称明细账，是根据总账科目所属明细科目开设的，用以记录某一类交易或事项明细项目，提供其明细核算资料的分类账。

（3）备查账簿

备查账簿又称辅助账簿，是对某些不能在日记账和分类账中记录的经济事项或记录不全的交易或事项进行补充登记的账簿，如以经营租赁方式租入固定资产的登记簿、受托加工材料登记簿等。

2.账簿按外表形式分类

账簿按其外表形式可分为订本账簿、活页账簿和卡片账簿。

（1）订本账簿

订本账簿简称订本账，是在账簿尚未使用前就将账页顺序编号并固定装订在一起的账簿。订本账簿具有避免账页失散和抽换账页的优点，但也存在账页不能增减，需要预留账页，不便分工记账等不足。在会计实务中，订本账簿多用于库存现金日记账、银行存款日记账和总分类账。库存现金日记账、银行存款日记账必须采用订本账簿，不得用银行对账单或者其他方法代替。

（2）活页账簿

活页账簿简称活页账，是账页不固定，采用活页形式组成的账簿。活页账簿具有可随时加入空白账页，便于分工记账等优点，但存在账页容易散失及被抽换等不足。所以在使用时应注意顺序编号并装订成册，同时妥善保管。在会计实务中，活页账簿主要适用于各种明细分类账。

（3）卡片账簿

卡片账簿简称卡片账，是由具有一定格式的卡片组成的账簿。卡片账簿与活页账的特点基本相同。在卡片账使用时，为防止散失和抽换，应顺序编号，并由有关人员在卡片上签章，同时在卡片箱内专人保管。在会计实务中，卡片账簿主要适用于实物资产明细账，如固定资产卡片账等。

（三）会计账簿的设置原则

任何企业都应当根据本企业交易或事项的特点和经营管理的需要，设置一定种类和数量的账簿。一般说来，设置账簿应当遵循下列原则：

1.按照会计制度的有关规定设置账簿，账簿记录的内容要与事先规定的会计科目反映的内容一致。

2.确保全面、系统地核算各项经济业务，为经营管理提供系统、分类的会计核算资料。

3.有利于提高工作效率，降低核算成本。这就要求在满足实际需要的前提下，账簿设置应力求简化，避免重复设账和记账；账簿格式也应简明实用，避免繁琐。

（四）会计账簿的基本内容

各种账簿记录的交易或事项内容不同，提供核算资料的详细程度不一样，格式也可以多种多样。但就各种主要账簿而言，其基本内容是一致的。

账簿的基本内容包括：

1.封面。账簿封面上应写明账簿名称和记账单位名称。

2.扉页。填列账簿的启用日期、截止日期、页数、册次，账簿启用和经营人员一览表及签章，账户目录。

3.账页。账页的具体格式因记录和反映的经济交易或事项内容不同而有很大区别，但均应具备下列基本内容：

（1）账户名称，包括一级、二级或明细科目；

（2）日期栏；

（3）凭证种类和号数栏；

（4）摘要栏；

（5）金额栏，包括借、贷方发生额及相应的余额栏；

（6）总页次和分户页次。

二、会计账簿的启用和登记规则

（一）会计账簿启用的规则

为了保证账簿记录的合法性及账簿资料的完整性，启用会计账簿时，应在账簿封面上写明单位名称和账簿名称。在账簿扉页上应当附启用和经管人员一览表，内容包括：启用日期、账簿页数、记账人员和会计机构负责人、会计主管人员姓名，并加盖名章和单位公章。记账人员或会计机构负责人、会计主管人员调动工作时，应当注明交接日期、接办人员或者监交人员姓名，并由交接双方人员签名或盖章。

启用订本账簿，应从第一页到最后一页顺序编写页数，不跳页、缺号。使用活页账页，应按账户顺序编号，并须定期装订成册。装订后再按实际使用的账页顺序编写页码，另外加目录，记明每个账户的名称和页次。

（二）会计账簿登记的规则

登记账簿时，必须遵守以下规则：

1.必须以审核无误的会计凭证为依据，及时、准确、清楚地登记各种账簿。账簿中记录的各项内容，如日期、凭证字号、交易或事项内容摘要、金额等必须与凭证一致。登记完毕，应在记账凭证上签名或者盖章，并划“√”或注明所记账簿页次，表示已记账，避免重记或漏记。

2.必须使用蓝、黑墨水书写，不能使用圆珠笔（银行的复写账簿除外）或铅笔记账。

3.下列情况，可以用红色墨水记账：

（1）按照红字冲账的记账凭证，冲销错误记录；

（2）在不设借贷等栏的多栏式账页中，登记减少数；

（3）在三栏式账户的余额栏前，如未印明余额方向的，在余额栏内登记负数余额；

（4）根据国家统一会计制度的规定可以用红字登记的其他会计记录。

4.年度开始时，应将日记账、总分类账和明细分类账各种账户上年年终余额转记到新账簿各有关账户的第一行余额栏，并于“摘要”栏内注明“上年结转”或“年初余额”字样。

5.总分类账和明细分类账中，应在首页注明账户名称和页次，必须按编写的页次逐页逐行连续登记，不得隔页、跳行，更不得撕毁或抽换账页。如发生跳行、隔页，应将空行、空页划对角斜红线注销，或者注明“此行空白”“此页空白”字样，并由记账人员签名或者盖章。

6.一张账页记满需要在次页接记时，应结出本页的发生额及余额，将其写在本页最后一行和次页第一行的有关金额栏内，并在“摘要”栏内分别写明“转下页”“承前页”字样。

7.对于有余额的账户，结出余额时，应在“借或贷”栏内写明“借”或“贷”字样，表示借方余额或贷方余额；没有余额的账户，应在“借或贷”栏内写“平”字，在“余额”栏内用“0”表示。

8.记账时书写文字和数码字要符合规范。不写怪体字、错别字，不要潦草，字迹要端正、清晰，数字不要连写，不能写满格，一般应占格的三分之一至二分之一。严禁刮擦、挖补、涂改或用药水消除字迹。

9.实行会计电算化的单位，总账和明细账应当定期打印。发生收款和付款业务的，在输入收款凭证和付款凭证的当天必须打印库存现金日记账和银行存款日记账，并与库存现金核对无误。

三、更正错账的方法

实际工作中，记账错误时有发生。有的错误，记账后可能马上被发现；但大部分错账常常在期末对账时才被发现。造成账簿记录错误的原因很多，主要原因有两类：一是记账或过账时发生笔误，以及账户的发生额或余额计算错误。二是记账凭证编制错误，登记时尚未发觉。不管何种原因造成的错账，一经发现，不准涂改、挖补、刮擦或用药水消除字迹，不准重新抄写，而必须采用专门方法进行更正。

（一）划线更正法

划线更正法也称红线更正法。在结账日前若发现账簿记录有错误，但记账凭证无错误，则属于账簿记录中的文字或数字的错误，可用划线更正法予以更正。

划线更正法的操作方法是：将错误的文字或数字划一条红色横线注销，但必须使原有字迹仍可辨认，以备查考；然后在划线上方用蓝字将正确的文字或数字填写在同一行的上方空白位置，并由更正人员在更正处加盖名章，以示责任。应用划线更正法时，应注意：对文字差错可只划错误部分，而对于数字差错必须将错误数额全部划上，不允许只更正错误数额中的个别数字。

（二）红字更正法

红字更正法又称红字冲销法。红字更正法适用于账簿记录依据的记账凭证错误且在记账之后发现时的错误更正。这种方法又有两种做法，即红字全额冲销法和红字差额冲销法。

1.红字全额冲销法

如果发现账簿记录的错误是由于记账凭证所列应借、应贷会计科目有错误而引起的，应该采用红字全额冲销法更正。其更正的程序是：先用红字填制一张与原错误记账凭证相同内容的记账凭证，但在“摘要”栏中应写明“冲销错账”字样以及错误凭证的号数和日期；然后据以登记入账，用来冲销账中原记的错误记录；最后用蓝字填制一张正确的记账凭证，在“摘要”栏中写明“更正错误”字样以及冲账凭证的号数和日期，并据以登记入账。

2.红字差额冲销法

如果发现账簿记录的错误是由于记账凭证所列金额大于应记金额而引起的，而应借、应贷的会计科目没有错误，应该采用红字差额冲销法更正。其更正的程序是：用蓝字填制一张应借、应贷会计科目与原错误记账凭证相同的记账凭证，但其金额则用红字填列多记的金额，并在“摘要”栏中写明“冲销多记金额”以及原错误记账凭证的号数和日期。然后将这一记账凭证登记入账，即可将原来多记的金额冲销，更正为正确的金额。

（三）补充登记法

记账以后，若发现记账凭证和账簿所记金额小于应记金额，而应借、应贷的会计科目和记账方向均无错误，则应采用补充登记法更正。更正方法是：将少记的金额用蓝字填制一张与原错误记账凭证所记载的借贷方向、应借应贷会计科目相同的记账凭证，在“摘要”栏内写明：“补记×月×日第×号记账凭证少记金额”，并据以入账，以补记少记的金额，反映正确金额。

四、结账和对账

为了总结某一会计期间（月份、季度、年度）的经济活动情况，考核经营成果，必须使各种账簿的记录保持完整和正确，以便于编制财务会计报告。为此，必须定期进行结账和对账工作。

（一）结账

结账是在期末（月末、季末、年末）将当期应记的交易或事项全部登记入账的基础上，结算、登记各种账簿本期发生额和期末余额的记账工作。

结账工作的内容和程序，主要包括以下几个方面：

1.结账前，首先要查明这个时期所发生的交易或事项是否已全部记入有关账簿，不能提前结账，也不得将本期发生的业务延至下期登账。

2.本期内所有的转账业务，应编制记账凭证记入有关账户，结清转账业务，调整账户记录，包括：财产清查发现的盘盈盘亏应按规定登记入账；制造费用应按一定标准分配、结转，记入“生产成本”账户；完工产品的实际生产成本，应转入“库存商品”账户；期末所有的收入账户和所有的费用账户，均应转入“本年利润”账户等。

3.在本期全部交易或事项登记入账的基础上，应当结算和登记库存现金日记账、银行存款日记账，以及总分类账和明细分类账各账户的本期发生额和期末余额，年度终了，应将余额结转下年。

结账工作分为月结、季结、年结三种。结账的具体方法是：

月结：应在各账户本月份最后一笔记录下面划一通栏单条红线，在红线下结出本月发生额及余额。余额为0的，在“借或贷”栏内写上“平”，在“余额”栏内写上“0”，在“摘要”栏内注明“×月份发生额及余额”或“本月合计”，然后在该行下面再划一通栏单条红线。

季结的方法与月结基本相同，可比照月结进行。

年结：因涉及新年更换账簿，年终决算比较复杂。办理年结时，应在各账户12月份月结（或第四季度季结）行下面划一通栏单条红线，在红线下填列全年12个月月结发生额（或四个季度的季结发生额）合计及年末余额，在“摘要”栏内注明“本年发生额及余额”或“本年合计”；在此基础上，将账户的年初余额按借、贷相同方向抄列于下一行内，即将年初借方余额抄列在“借方”栏内，将年初贷方余额抄列在“贷方”栏内，并在“摘要”栏内注明“年初余额”；紧接下一行，将账户年末余额按借、贷相反方向抄列在“借方”或“贷方”栏内，即将年末借方余额抄列在“贷方”栏，将年末贷方余额抄列在“借方”栏，同时在该行“摘要”栏内注明“结转下年”；最后，将上述三行年结“借方”“贷方”栏的金额分别相加（如无差错，该借、贷方合计金额应相等）填列在下一行，在该行“摘要”栏内注明“合计”，在合计数行下划通栏双条红线，表示封账。更换新的账簿时，将各账户的年末余额以相同方向过入新账中即可，在新账页第一行的“摘要”栏内注明“上年结转”或“年初余额”。

（二）对账

所谓对账就是指核对账目，是对账簿记录的正确与否进行核对的工作。在会计核算中，记账时难免发生各种差错，造成账证不符、账账不符、账实不符。为了保证账簿记录的正确性，必须进行对账工作，通过对账来保证各种账簿记录的真实、正确、完整，以确保账证相符、账账相符、账实相符。对账工作主要包括以下三方面内容：

1.账证核对

账证核对，是指将各种账簿的记录与有关记账凭证以及所附的原始凭证进行核对。这种核对，一般是在日常编制凭证和记账过程中进行的，以便检查所记账目是否正确。月终，如果发现账账不符，也可以再将账簿记录与有关会计凭证进行核对，以保证账证相符。

2.账账核对

账账核对是将各种账簿之间有关的金额进行核对，做到账账相符。其具体核对内容主要包括：

（1）总账各账户期末的借方余额合计数与贷方余额合计数核对。为了进行这一方面核对，应该编制“总分类账户期末余额试算平衡表”，表中按照总账账户分行填列借方余额和贷方余额，然后加计借方余额合计数和贷方余额合计数，进行核对。在日常核算工作中，为简便起见，一般将“总分类账户期末余额试算平衡表”和“总分类账户本期发生额试算平衡表”合并为“总分类账户本期发生额及余额试算平衡表”（简称“总分类账户试算平衡表”）。

在编制“总分类账户试算平衡表”时应注意以下几点：第一，必须保证将全部账户的本期发生额和余额记入该表；第二，如果该表中期初余额、本期发生额、期末余额三大栏各自的借方合计数与贷方合计数不相等，说明账户记录肯定有错，应认真查找差错原因并加以更正；第三，即使三大栏借方和贷方各自的合计数相等，也不能说明账户记录肯定正确，因为在记账时，如果发生借方和贷方账户都多记或都少记相同金额，或者将应借或应贷的账户记错，或者将应借、应贷账户的记账方向弄反等错误，都不会影响该表中借贷双方的平衡关系。换句话说，编制该表，是不能发现前述错误的。也正是因为如此，试算平衡只能作为初步检查账户记录是否正确的一种方法。

（2）总账账户的期末余额与其所属明细账户的期末余额之和核对。对于明细账户比较多的总账账户，可以根据各明细账户余额编制“明细账户余额表”，然后加计余额的合计数，与总账账户余额进行核对。

（3）总账“库存现金”和“银行存款”账户的期末余额，分别与库存现金日记账和银行存款日记账的期末余额核对。

（4）会计部门设置的各种财产物资明细账（例如“原材料明细账”）的期末余额，与财产物资的保管部门（例如仓库、总务部门）和使用部门（例如各车间、行政管理部门）相应的财产物资明细账的期末余额核对。

3.账实核对

账实核对是将各种财产物资和债权债务的账面余额与实存数额或实际余额进行核对，做到账实相符。具体内容包括：

（1）库存现金日记账账面余额与现金实际库存数相核对；

（2）银行存款日记账账面余额与开户银行账目相核对；

（3）各种实物资产明细分类账账面余额与实物资产实存数相核对；

（4）各种应收、应付款明细分类账账面余额与有关债务、债权单位的账目相核对。

五、会计账簿的更换与保管

会计账簿的使用，一般以一个会计年度为限。新的会计年度开始时，日记账、总账及大部分明细账都要更换，变动较小的一小部分明细账，如固定资产明细账即固定资产卡片，可以继续使用而不按年更换。

会计账簿的更换一般结合年终决算进行，即年终结账后，将各账户的年末余额以借、贷相同的方向直接抄入新年度启用的新账中即可，同时在新账的第一行“摘要”栏内写明“上年结转”或“年初余额”。上述新旧账之间的转记金额，无需编制记账凭证。如遇会计制度改变而需变更账户名称及其核算内容的，应按新制度规定的账户名称及其核算内容，编制调整分录，将旧账余额进行分解、合并，再记入新账中。

会计账簿与会计凭证、财务会计报告一样，均属重要的会计档案，需按会计档案管理制度规定的保存年限妥善保管。

六、日记账的设置与登记方法

在实际工作中，常用的日记账是专用日记账。

专用日记账是按照交易或事项发生和完成时间的先后顺序逐日逐笔进行登记的订本账簿，主要包括库存现金日记账和银行存款日记账。

库存现金日记账和银行存款日记账，其一般格式主要有“三栏式”和“多栏式”两种。“三栏式”日记账是一种最简单、最基本的账簿格式，是指每一张账页上分设“收入”（或“借方”）、“支出”（或“贷方”）和“结余”（或“余额”）三栏；也可在“摘要”栏后增设“对方科目”栏，登记对应账户的名称；采用“多栏式”日记账账页格式，主要是因为企业库存现金和银行存款收支业务较多，相应的收、付款凭证也较多，为了简化总账的登记工作，就在库存现金日记账和银行存款日记账的发生额栏内，分别按对应科目设置各栏，月末分栏汇总，据以一次过入总账。为了避免账页冗长、庞杂的情况，也可将其一分为二，分别设置成收入日记账和支出日记账。

在实际工作中，采用较多的库存现金日记账、银行存款日记账是“三栏式”。

库存现金日记账、银行存款日记账都由出纳员根据审核后的收款凭证、付款凭证，按日逐笔顺序登记。具体来讲，三栏式日记账中的“收入”栏（或“借方”栏），根据库存现金（银行存款）收款凭证登记；“支出”栏（或“贷方”栏）根据库存现金（银行存款）付款凭证登记；每日终了，应计算、记录账面余额。库存现金日记账的每日余额应与实际库存现金核对相符，做到“日清月结”；银行存款日记账也应定期与开户银行核对。如发现不符，应立即查明原因，并予调整账簿记录。

多栏式日记账的登记方法与三栏式日记账登记方法基本相同。不同之处在于：每日终了，在分别结出当日收入合计、当日支出合计时，应将当日支出合计从支出日记账中转记入收入日记账的“支出合计”（或“贷方合计”）栏内，同时结出当日账面余额。

七、登记日记账的注意事项

1.对于现金与银行存款之间相互划转的业务，如将多余现金存入银行或从银行提取现金，由于只需填制付款凭证，在这种情况下，库存现金（银行存款）日记账的“收入”栏还需根据相应的银行存款（库存现金）的付款凭证登记；

2.为了加强内部牵制，坚持钱、账分管，实际工作中，出纳员除了负责登记日记账外，不得负责其他任何账簿的登记；

3.出纳员记账后，应将各种收、付款凭证交由会计人员登记有关总账和明细账；

4.“库存现金”和“银行存款”的总账与日记账应定期核对，达到控制和加强管理的目的。

第二部分　实验项目设计

一、实验目的

本实验主要是针对专用日记账（特种日记账）的登记方法进行实验，属于认知与验证性单项实验。通过实验，使学生了解专用日记账的种类和账页格式，了解库存现金日记账、银行存款日记账的登记依据，掌握库存现金日记账、银行存款日记账的登记方法和要求，增强学生动手能力、实践能力、应用能力。

二、实验操作要求

1.根据实验资料（一）所列万山市黔西机械加工厂2017年7月31日库存现金日记账、银行存款日记账余额，开设库存现金日记账、银行存款日记账；

2.根据实验资料（二）所列万山市黔西机械加工厂2017年8月1—3日填制的收款凭证和付款凭证，分别登记库存现金日记账、银行存款日记账。

三、实验资料

（一）万山市黔西机械加工厂2017年7月31日库存现金日记账余额为5 218.32元、银行存款日记账余额为637 538元；

（二）万山市黔西机械加工厂2017年8月1—3日填制的收款凭证和付款凭证，见实验2。

第三部分　模拟实验材料

库存现金日记账

年		凭证		摘要	对应科目	借方													核对号	贷方													核对号	借或贷	余额												
月	日	字	号			百	十	亿	千	百	十	万	千	百	十	元	角	分		百	十	亿	千	百	十	万	千	百	十	元	角	分			百	十	亿	千	百	十	万	千	百	十	元	角	分

库存现金日记账

年		凭证		摘要	对应科目	借方													核对号	贷方													核对号	借或贷	余额												
月	日	字	号			百	十	亿	千	百	十	万	千	百	十	元	角	分		百	十	亿	千	百	十	万	千	百	十	元	角	分			百	十	亿	千	百	十	万	千	百	十	元	角	分

银行存款日记账

年		凭证		结算方式					摘要	对应科目	借方													核对号	贷方													核对号	借或贷	余额												
月	日	字	号	支票号码	付委	汇款	托收	其他			百	十	亿	千	百	十	万	千	百	十	元	角	分		百	十	亿	千	百	十	万	千	百	十	元	角	分			百	十	亿	千	百	十	万	千	百	十	元	角	分

银行存款日记账

年		凭证		结算方式					摘要	对应科目	借方													核对号	贷方													核对号	借或贷	余额												
月	日	字	号	支票号码	付委	汇款	托收	其他			百	十	亿	千	百	十	万	千	百	十	元	角	分		百	十	亿	千	百	十	万	千	百	十	元	角	分			百	十	亿	千	百	十	万	千	百	十	元	角	分

实验4　明细分类账、总分类账的登记

第一部分　实验预备知识

一、分类账簿的含义

分类账簿通常称为分类账，是企业除序时账簿以外的一类重要的会计账簿。它是对全部交易或事项按总分类账户和明细分类账户进行分类登记的账簿。按提供指标的详细程度不同，分类账可分为总分类账和明细分类账两种。

总分类账簿，简称总账，是根据总分类科目开设的，用以记录一定时期内全部的交易或事项，提供总括核算资料的分类账簿。总分类账具有汇总记录的特点。为了确保账簿记录及会计信息的正确性，提供会计要素的总括指标，必须按每一总分类科目开设相应总分类账簿。就外表形式而言，总分类账簿可以采用订本式，也可以采用活页式，实际工作中多采用活页式。

明细分类账簿，简称明细账，是根据总账科目所属明细科目开设的，用以记录某一类交易或事项明细项目，提供其明细核算资料的分类账。实际工作中明细分类账簿多采用活页式。

二、总分类账与明细分类账平行登记的基本原理

在会计核算中，并非所有的总账账户都要设置明细账户，明细账户的设置与否主要取决于内部管理的需要。在某个总账账户需要设置明细账户的情况下，二者必然存在密切的关系，表现在：首先，二者反映的经济内容相同，性质相同，都反映同一会计要素，只是反映的详细程度不同；其次，二者存在着从属关系，即总账账户是所属明细账户的统驭账户，对明细账户起着统驭、控制的作用，而明细账户是其总账账户的从属账户，对总账账户起着补充、辅助的作用；最后，总账账户记录的金额应等于其所属明细账户记录的金额之和。

由于总分类账与其所属明细分类账之间存在着密切联系，因而在过账时，对二者应采用平行登记的方法进行过记，以便于二者之间的相互核对，保证核算资料的正确性和完整性。

所谓平行登记，是指对交易或事项涉及的某一总分类账户及其所属明细分类账户，应当采用相同的记账依据、记账方向和记账金额，既在总账中进行总括登记，又在所属明细账中进行明细登记的一种过账方法。其基本内容如下：

1.登记依据相同。即对发生的每一项交易或事项，必须根据相同的会计凭证，在同一会计期间记入有关总分类账户及其所属各明细分类账户。

2.登记方向一致。即根据某一项交易或事项的会计凭证所登记的总分类账户与其所属明细分类账户的记账方向必须相同。

3.登记金额相等。即过记到某个总分类账户的金额与其所属各明细分类账户的金额之和必须相等。

采用平行登记的方法，必然使某个总分类账户与其所属明细分类账户之间形成相互核对的数量关系。实际工作中，这种核对往往通过编制“明

细分类账户本期发生额和余额明细表”的方式进行。用公式表示为：

某总账本期发生额=该总账所属明细账本期发生额合计

某总账期末余额=该总账所属明细账期末余额合计

三、明细分类账的设置与登记

明细分类账簿是根据有关明细分类账户设置并登记的账簿。它能提供交易或事项比较详细、具体的核算资料，以补充总账所提供核算资料的不足。因此，各企业在设置总账的同时，还应设置必要的明细账。

明细账是根据管理需要设置的，管理的需要不同，要求明细账记录和反映的内容也不一样。实际工作中，由于明细账的记录除了使用货币计量尺度外，必要时还需采用实物计量尺度或劳动计量尺度，以提供实物量指标或劳动量指标，因而就有多种账页格式，一般常用的有三种，即三栏式、数量金额式、多栏式。

1. 三栏式明细账。三栏式明细账与三栏式总账格式相同，它只有金额指标，没有实物指标，因而适用于“应收账款”“应付账款”“其他应收款”等只要求核算金额的明细账户。

2. 数量金额式明细账。这是指同时提供货币金额指标、实物数量指标的账页格式。它一般适用于“原材料”“库存商品”等财产物资的明细账户，从金额和数量两个方面对财产物资进行双重核算，有利于加强财产物资的管理。

3. 多栏式明细账。这是指将一个明细账户在一张账页上分设若干专栏予以登记和反映的账页格式。它适用于只记金额、不记数量，而且管理上要求反映其构成内容的成本、费用、收入、财务成果等明细分类账户。按明细分类账登记的交易或事项不同，多栏式明细分类账账页又分为借方多栏式、贷方多栏式和借贷方多栏式三种格式。借方多栏式明细分类账的账页格式适用于借方需要设多个明细科目或明细项目的账户，如“材料采购”“生成成本”“制造费用”“管理费用”“财务费用”“营业外支出”等科目的明细分类核算。贷方多栏式明细分类账的账页格式适用于贷方需要设多个明细科目或明细项目的账户，如“主营业务收入”“营业外收入”等科目的明细分类核算。借贷方多栏式明细分类账的账页格式适用于借方和贷方均需要设多个明细科目或明细项目的账户，如“本年利润”科目的明细分类核算。

各种明细分类账一般应根据记账凭证或原始凭证、汇总原始凭证逐日、逐笔登记。对于多栏式明细账，如果只设借方专栏或直接按明细项目设专栏，则交易或事项的增加发生额用蓝色笔登记，减少发生额即贷方发生额用红色笔登记在相应专栏内，表示冲减增加发生额。

四、总分类账的设置与登记

总分类账是按照总分类账户设置并登记的订本账。由于总分类账能够提供全面、综合、系统的核算资料，并为编制财务报告提供主要依据，因而各企业都要设置这种账簿。

由于要提供总括核算指标，总账的记录通常只采用货币计量尺度，因而其账页格式一般采用“借方”“贷方”“余额”三栏式的账页格式。企业也可根据需要，在“借方”“贷方”两栏内再分设“对方科目”栏，用以反映每笔经济业务的账户对应关系。

总分类账的格式，除了上述三栏式外，还有多栏式的，即把序时记录和总分类记录结合在一起的联合账簿，这种账簿又叫日记总账。由于它具有序时账和总分类账的作用，所以采用这种账簿，就能够避免重复记账，提高工作效率，并能一目了然地了解和分析经济活动情况。它适用于交易或事项比较简单和会计科目不多的企业。

总分类账登记的依据和方法，主要取决于所采用的账务处理程序：在记账凭证账务处理程序下，应直接根据记账凭证逐日逐笔登记总分类账；在科目汇总表账务处理程序下，应定期将全部记账凭证进行汇总，编制成科目汇总表，再根据科目汇总表定期汇总登记总分类账；在汇总记账凭证账务处理程序下，应于月终根据收款凭证、付款凭证、转账凭证分别编制汇总收款凭证、汇总付款凭证、汇总转账凭证（即汇总记账凭证），再根据各种汇总记账凭证于月终一次汇总登记总分类账；在多栏式日记账账务处理程序下，应于月终直接根据多栏式日记账和转账凭证（或转账凭证科目汇总表）登记总分类账。

月终，在全部经济业务登记入账后，均应结出各总分类账的本期发生额和期末余额。

第二部分　实验项目设计

一、实验目的

本实验主要是针对总分类账和明细分类账的登记方法进行实验，属于认知与验证性单项实验。通过实验，使学生了解总分类账和明细分类账的设置方法、账页格式及种类，了解总分类账和明细分类账的登记依据，掌握总分类账和明细分类账的登记方法和要求，增强学生动手能力、实践能力、应用能力。

二、实验操作要求

1. 根据实验资料（一）所列万山市黔西机械加工厂2017年8月1日“应收账款”“原材料”“库存商品”“生产成本”总分类账户及其明细分类账户余额，开设相应账户；

2. 根据实验资料（二）所列万山市黔西机械加工厂2017年8月份交易或事项及取得的原始凭证和所填制的记账凭证，逐日逐笔登记“应收账款”“原材料”“库存商品”“生产成本”总分类账户及其明细分类账户。

三、实验资料

（一）万山市黔西机械加工厂2017年8月1日“应收账款”“原材料”“库存商品”“生产成本”总分类账户及其明细分类账户余额如下：

1. “应收账款”账户余额182 300元，其中“通海市中原器械有限公司”明细分类账户余额115 000元，“东阳市金山器械有限公司”明细分类账户余额67 300元；

2. “原材料”账户余额15 950元，其中“角钢”明细分类账户余额5吨、单价2 200元、计11 000元，“铸铁”明细分类账户余额3吨、单价1 650元、计4 950元；

3. “库存商品”账户余额251 910元，其中“切管机”明细分类账户余额1 080台、单价126元、计136 080元，“焊机”明细分类账户余额990台、单价117元、计115 830元；

4. “生产成本”账户及其“切管机”“焊机”明细分类账户月初均无余额。

（二）万山市黔西机械加工厂2017年8月份交易或事项及取得的原始凭证和所填制的记账凭证，见实验2。

第三部分　模拟实验材料

总　分　类　账

总第　　　　页　　　　分第　　　　页

会计科目：

年		记账凭证		摘要	对应科目	借方													√	贷方													√	借或贷	余额												
月	日	类别	号数			百	十	亿	千	百	十	万	千	百	十	元	角	分		百	十	亿	千	百	十	万	千	百	十	元	角	分			百	十	亿	千	百	十	万	千	百	十	元	角	分

总 分 类 账

总第　　　　页　　　　分第　　　　页

会计科目：

年		记账凭证		摘要	对应科目	借方													√	贷方													√	借或贷	余额												
月	日	类别	号数			百	十	亿	千	百	十	万	千	百	十	元	角	分		百	十	亿	千	百	十	万	千	百	十	元	角	分			百	十	亿	千	百	十	万	千	百	十	元	角	分

总 分 类 账

总第　　　　页　　　　分第　　　　页

会计科目：

年		记账凭证		摘　　要	对应科目	借　　方													√	贷　　方													√	借或贷	余　　额												
月	日	类别	号数			百	十	亿	千	百	十	万	千	百	十	元	角	分		百	十	亿	千	百	十	万	千	百	十	元	角	分			百	十	亿	千	百	十	万	千	百	十	元	角	分

总 分 类 账

总第　　　　页　　　　分第　　　　页

会计科目：

年		记账凭证		摘要	对应科目	借方													√	贷方													√	借或贷	余额												
月	日	类别	号数			百	十	亿	千	百	十	万	千	百	十	元	角	分		百	十	亿	千	百	十	万	千	百	十	元	角	分			百	十	亿	千	百	十	万	千	百	十	元	角	分

明细账

一级科目……………………

二级或明细科目……………………

总页…… 分页……

年		凭证		摘要	借方													√	贷方													√	借或贷	余额												
月	日	类别	号数		百	十	亿	千	百	十	万	千	百	十	元	角	分		百	十	亿	千	百	十	万	千	百	十	元	角	分			百	十	亿	千	百	十	万	千	百	十	元	角	分

明细账

一级科目

二级或明细科目

总页　　分页

年		凭证		摘要	借方													√	贷方													√	借或贷	余额												
月	日	类别	号数		百	十	亿	千	百	十	万	千	百	十	元	角	分		百	十	亿	千	百	十	万	千	百	十	元	角	分			百	十	亿	千	百	十	万	千	百	十	元	角	分

明细账

总页……分页……

类别……编号……

规格……名称……

一级科目……

二级或明细科目……

计量单位……计划单价……存放地点……

年		凭证		摘要	借（进仓）方													贷（出仓）方													余额												
					数量	单价	金额											数量	单价	金额											数量	单价	金额										
月	日	类别	号数				亿	千	百	十	万	千	百	十	元	角	分			亿	千	百	十	万	千	百	十	元	角	分			亿	千	百	十	万	千	百	十	元	角	分

明细账

总页…… 分页……
类别…… 编号……
规格…… 名称……

一级科目……
二级或明细科目…… 计量单位…… 计划单价…… 存放地点……

年		凭证		摘要	借（进仓）方													贷（出仓）方													余额												
					数量	单价	金额											数量	单价	金额											数量	单价	金额										
月	日	类别	号数				亿	千	百	十	万	千	百	十	元	角	分			亿	千	百	十	万	千	百	十	元	角	分			亿	千	百	十	万	千	百	十	元	角	分

明细账

总页…………分页…………

类别…………编号…………

规格…………名称…………

一级科目……………………

二级或明细科目……………………　　计量单位……………………计划单价……………………存放地点……………………

年		凭证		摘要	借（进仓）方													贷（出仓）方													余额												
					数量	单价	金额											数量	单价	金额											数量	单价	金额										
月	日	类别	号数				亿	千	百	十	万	千	百	十	元	角	分			亿	千	百	十	万	千	百	十	元	角	分			亿	千	百	十	万	千	百	十	元	角	分

明细账

总页　　分页

类别　　编号

规格　　名称

一级科目

二级或明细科目　　计量单位　　计划单价　　存放地点

年		凭证		摘要	借（进仓）方													贷（出仓）方													余额												
					数量	单价	金额											数量	单价	金额											数量	单价	金额										
月	日	类别	号数				亿	千	百	十	万	千	百	十	元	角	分			亿	千	百	十	万	千	百	十	元	角	分			亿	千	百	十	万	千	百	十	元	角	分

明细账

一级科目……………………

二级或明细科目……………………

总页………分页………

年		凭证		摘要	借方																																				贷方									余额								
月	日	类别	号数		百	十	万	千	百	十	元	角	分	百	十	万	千	百	十	元	角	分	百	十	万	千	百	十	元	角	分	百	十	万	千	百	十	元	角	分	百	十	万	千	百	十	元	角	分	百	十	万	千	百	十	元	角	分

明细账

一级科目……………………

二级或明细科目……………………

总页……… 分页………

年		凭证		摘要	借方																																				贷方									余额								
月	日	类别	号数		百	十	万	千	百	十	元	角	分	百	十	万	千	百	十	元	角	分	百	十	万	千	百	十	元	角	分	百	十	万	千	百	十	元	角	分	百	十	万	千	百	十	元	角	分	百	十	万	千	百	十	元	角	分

实验5　资产负债表、利润表的编制

第一部分　实验预备知识

一、财务会计报告概述

（一）财务会计报告的概念及构成

财务会计报告是指以日常核算资料为主要依据定期编制、对外提供的，用来集中、概括地反映企业某一特定日期的财务状况和某一会计期间的经营成果、现金流量等会计信息的书面文件。编制财务会计报告是会计核算的一种专门方法，也是会计工作的一项重要内容。

财务会计报告包括财务报表和其他应当在财务会计报告中披露的相关信息和资料。

财务报表是对企业财务状况、经营成果和现金流量的结构性表述。它至少应当包括下列组成部分：资产负债表、利润表、现金流量表、所有者权益（或股东权益）变动表、附注。

（二）财务会计报告的作用

在日常会计核算中，企业发生的各项经济交易或事项虽然都已按规定的处理程序和方法填制了会计凭证，并经审核无误后登记入账，在会计账簿中得到了连续、系统、全面的反映，但是，会计凭证、账簿所提供的毕竟是日常会计核算资料。这些日常会计核算资料数量太多，而且相对分散，不能总括地、集中地反映企业财务状况和经营成果，不便于会计信息使用者理解和利用。因此，有必要对日常会计核算资料加以整理、归类、汇总，定期编制财务会计报告。

编制财务会计报告既是会计核算的一种专门方法，也是会计核算工作的重要内容，是对企业日常会计核算工作及其成果的总结，是企业对外提供财务会计信息的一种较为恰当的重要方式和手段。在财务会计报告体系中，虽然不同的会计报表具有不同的目的，表达着不同的内容，发挥的作用各有侧重，但是概括说来，财务会计报告的作用主要体现在以下几个方面：

第一，为投资者、债权人做出投资、信贷决策提供必要的财务会计信息；

第二，为政府及相关机构进行宏观经济管理提供必要的财务会计信息；

第三，为企业加强内部经营管理提供必要的财务会计信息。

二、编制会计报表前的准备工作

为了保证会计报表所提供的信息能够满足使用者的要求，编制会计报表前应当做好以下准备工作：

1.期末账项调整。按照权责发生制要求，正确划分各个会计期间的收入、费用，为正确计算结转本期经营成果提供有用的资料。

2.清查资产，核实债务。

3.编制工作底稿。汇集编制会计报表所必需的资料。编制工作底稿不是一项必须的会计工作。凡能及时提供报表的，可以不编制工作底稿。

4.对账。做到账证相符、账账相符、账实相符。

5.结账。正确计算并结转各账户的本期发生额和余额。

三、会计报表的编制要求

为了保证会计报表的质量，充分发挥会计报表的作用，会计报表应当根据登记完整、核对无误的账簿记录和其他有关资料编制，以做到数字真实、计算准确、内容完整、编报及时。

1.数字真实。会计报表各项指标或项目所填列的数字必须真实可靠，能客观、公允地反映企业的财务状况、经营成果和现金流量情况，不得以估计数代替实际数，更不能弄虚作假、篡改和伪造报表数字。为了保证会计报表数字的真实可靠性，在根据账簿记录编制会计报表前，必须认真核对账目，做到账证相符、账账相符，并按照规定对有关财产进行清查，及时根据有关凭证将账实不符的财产登记入账，做到账实相符；必须将当期发生的所有经济业务及时登记入账，按期结算账目，不得为赶编报表提前结账，也不得先编报表后结账；会计报表编制完毕，应将账簿记录与会计报表的有关数字认真加以复核检查，做到账表相符。

2.计算准确。会计报表各项目所填列的数字，都应当按各项目反映的内容，根据相应的账簿记录及其他有关资料，按照统一规定的指标口径，认真计算后填列，避免出现指标口径上的不一致和计算上的差错。为了保证会计报表数字计算的正确性，报表编制完毕后，应将账簿记录与报表中的数字核对相符，将各种会计报表之间及同一会计报表各项目之间有勾稽关系的数字核对相符，将不同时期同一报表之间的数字进行核对，使其衔接一致，以确保会计报表数字的准确性。

3.内容完整。各种不同的会计报表及一种会计报表的不同项目、指标，都是从不同的侧面向会计信息使用者提供企业财务会计信息的，我国会计准则和制度对企业编制的会计报表的种类、格式、项目内容、填列方法等，都作了统一规定。为了保证会计报表内容的完整性和系统性，会计报表必须按照统一规定的报表种类、格式和内容进行编制，做到编报齐全，不得漏编漏报。对于每一种会计报表应当填列的项目指标，无论是主表项目、附表项目还是附注项目，都必须按规定填列齐全，不得遗漏。

4.编报及时。会计信息具有时效性。会计报表必须按照规定的期限和程序及时编制，及时报送。为了及时编报会计报表，企业会计部门应当科学地选择账务处理程序，合理地组织好日常会计核算工作，认真做好记账、算账、对账和按期结账等工作，积极采用先进的会计核算手段和工具。

四、资产负债表及其编制

（一）资产负债表的概念及作用

资产负债表是总括反映企业某一特定日期全部资产、负债和所有者权益情况的会计报表，是企业的主要报表。

资产负债表是根据“资产=负债+所有者权益”这一会计等式的原理，在此基础上依照一定的分类标准和一定的次序，把企业一定日期的资产、负债和所有者权益项目予以适当地排列而编制的。

企业编制资产负债表，主要是借以向会计信息使用者提供反映其一定日期财务状况的会计信息。具体说来，资产负债表的作用主要体现在：

第一，反映企业拥有或控制的经济资源总量及其分布情况。资产负债表将企业拥有或控制的经济资源按一定方法分成若干类别，再将每一类别细分为若干项目，从而使报表用户一目了然地了解到企业在某一特定日期所拥有或控制的资产总量及其结构。

第二，反映企业权益结构。资产负债表把企业的权益分为负债和所有者权益两大类，并把负债分为流动负债和非流动负债。流动负债、非流动负债和所有者权益又都细分为若干项目，从而使报表用户一目了然地了解到企业在某一特定日期的资金来源及权益结构或资本结构。

第三，反映企业资产的流动性。资产负债表将资产项目按其流动性程度的高低顺序排列，从而便于报表用户研究企业在某一特定日期资产的构成项目及其比例，揭示企业资产的流动性或变现能力。

第四，反映企业的财务实力。企业运用其财务资源以适应环境变化的能力即财务实力，取决于企业的资产结构和资本结构。保持合理的资产和资本结构，既可以使企业以较低的成本获得资金，也可以增强企业的财务弹性。资产负债表所展示的资产、负债和所有者权益以及资产结构、资本结构，有助于报表用户评估企业的财务实力。

第五，反映企业财务状况的变化情况和变化趋势。报表用户通过对比分析企业前后期的资产负债表，可以了解企业财务状况的变化情况，把握企业财务状况的变化趋势。

（二）资产负债表的格式及各项目的排列

资产负债表有账户式和报告式两种格式。我国企业的资产负债表采用账户式。无论采用什么格式，按照会计等式的基本原理，资产负债表中的资产总额与负债及所有者权益总额必须相等。

资产负债表中的项目分为资产、负债和所有者权益三大类。它们被称为资产负债表的三个要素。每个要素又分为若干项目。为了便于报表用户阅读、理解和利用，资产负债表中的各项目一般应按以下方法排列：资产项目按资产流动性程度的高低顺序排列；负债项目按负债偿还期的长短排列；所有者权益项目按所有者权益永久性递减的顺序排列。

以上所述为资产负债表的主体部分。此外，资产负债表还应包括表首和附注部分。表首部分一般应列示编制单位名称、编制日期和货币单位等。

（三）资产负债表的编制方法

资产负债表分别设有“年初余额”和“期末余额”两个金额栏。

资产负债表“年初余额”栏各项目的金额，应根据上年末该表中“期末余额”栏各项目的金额填列。如果本年该表中规定的项目名称和内容有与上年不一致的，应将上年末有关项目的名称和金额按照本年的规定调整后填入“年初余额”栏。

资产负债表“期末余额”栏各项目的金额，总的说来，应根据资产类（含成本类）、负债类、所有者权益类总账账户及其有关明细账账户的期末余额填列。具体地说，资产负债表“期末余额”栏各项目的金额的填列方法大体上可归纳为以下几种情况：

1.直接填列法，即根据某一总账科目的期末余额直接填列，如“短期借款”“应付票据”“应付利息”“应付股利”“应交税费”“实收资本”、“资本公积”“盈余公积”等项目。

2.分析整理填列法，主要包括三种情况：

（1）根据若干总账科目的期末余额计算填列，如“货币资金”“存货”“固定资产”“在建工程”“无形资产”“未分配利润”等项目；

（2）根据若干明细科目的期末余额计算填列，如“应收账款”“预付款项”“应付账款”“预收款项”等项目；

（3）根据有关总账科目和明细科目的期末余额分析计算填列，如“长期借款”等项目。

五、利润表及其编制

（一）利润表的的概念及作用

利润表亦称损益表、收益表，是总括反映企业一定会计期间经营成果的会计报表，是企业的主要报表。企业编制利润表，主要是借以向会计信息使用者提供反映其一定期间经营成果的会计信息。利润表的列报必须充分反映企业经营业绩的主要来源构成，有助于使用者判断净利润的质量及其风险，有助于使用者预测净利润的持续性，从而做出正确的决策。

利润表的作用主要体现在：

第一，反映企业一定期间各项收入、费用的发生情况和净利润的实现或亏损的发生情况，反映收入、费用、利润的构成；

第二，可据以评价对企业投资的价值和报酬，判断企业资本是否保全，评价和考核企业管理人员的经营业绩；

第三，对比分析企业前后期的利润表，可以了解企业经营成果的变化情况，把握企业的获利能力，预测企业未来一定期间的盈利趋势。

（二）利润表的格式及净利润的计算步骤

完整的利润表通常包括表首、主体和附注三个部分。就其主体来看，利润表有单步式和多步式两种格式。单步式利润表是将企业一定期间的所有收入汇集在一起，将所有费用也汇集在一起，然后以收入合计数减费用合计数的方式一次计算企业一定期间的净利润。多步式利润表将收入和费用项目加以归类，列示一些中间性收益指标，分步反映企业一定期间净利润的构成内容，从而能明显地反映出收入与费用配比的层次，便于报表使用者清晰地了解企业净利润的形成过程，便于预测企业今后的盈利能力。因此，我国企业的利润表一般采用多步式。

利润表主要反映营业收入、营业利润、利润总额、净利润和每股收益等内容。多步式利润的计算步骤是：

第一步，以营业收入为基础，减去营业成本、税金及附加、销售费用、管理费用、财务费用、资产减值损失，加上公允价值变动收益、投资收益，计算出营业利润；

第二步，以营业利润为基础，加上营业外收入，减去营业外支出，计算出利润总额；

第三步，以利润总额为基础，减去所得税费用，计算出净利润；

第四步，计算出每股收益。

（三）利润表的编制方法

利润表分别设有“本月金额”和“本年累计金额”两个金额栏。

利润表“本月金额”栏反映各项目的本月实际发生数。在编制中期财务报告时，应将“本月金额”栏改成“上年金额”栏，填列上年同期累计实际发生数。在编制年度财务报告时，应将“本月金额”栏改成“上年金额”栏，填列上年全年实际发生数。如果上年度利润表与本年度利润表的项目名称和内容不一致，应对上年度利润表的项目名称和数字按本年度的规定进行调整后，再填入本表“上年金额”栏。

利润表“本年累计金额”栏反映各项目自年初起至报告期末止的累计实际发生额。

利润表各项目的金额，总体说来，应根据损益类科目的发生额填列。具体地说，各项目的内容及填列方法如下：

“营业收入”项目：反映企业经营日常业务所取得的收入总额，应根据“主营业务收入”科目和“其他业务收入”科目的发生额分析填列；

“营业成本”项目：反映企业经营日常业务发生的实际成本，应根据“主营业务成本”和“其他业务成本”科目的发生额分析填列；

“税金及附加”项目：反映企业经营主要业务应负担的各种税金及教育费附加，应根据“税金及附加”科目的发生额分析填列；

“销售费用”项目：反映企业在销售商品等过程中发生的费用，应根据“销售费用”科目的发生额分析填列；
“管理费用”项目：反映企业发生的管理费用，应根据“管理费用”科目的发生额分析填列；
“财务费用”项目：反映企业发生的财务费用，应根据“财务费用”科目的发生额分析填列；
“投资收益”项目：反映企业以各种方式对外投资所取得的收益，应根据“投资收益”科目的发生额分析填列；
“营业外收入”项目：反映企业发生的与其生产经营无直接关系的各项收入，应根据“营业外收入”科目的发生额分析填列；
“营业外支出”项目：反映企业发生的与其生产经营无直接关系的各项支出，应根据“营业外支出”科目的发生额分析填列；
“所得税费用”项目：反映企业按规定从本期损益中扣除的所得税，应根据“所得税费用”科目的发生额分析填列。

第二部分　实验项目设计

一、实验目的

本实验主要是针对资产负债表、利润表的编制方法进行实验，属于认知与验证性单项实验。通过实验，使学生了解资产负债表、利润表的格式和内容，了解资产负债表、利润表的编制依据，掌握资产负债表、利润表的编制方法和要求，增强学生动手能力、实践能力、应用能力。

二、实验操作要求

根据实验资料，编制万山市旭东设备制造公司2017年9月30日的资产负债表和2017年第三季度的利润表。

三、实验资料

（一）万山市旭东设备制造公司2017年8月31日的资产负债表；
（二）万山市旭东设备制造公司2016年第三季度的利润表；
（三）万山市旭东设备制造公司2017年7至8月损益类账户累计发生额一览表；
（四）万山市旭东设备制造公司2017年9月30日的明细分类账户余额表；
（五）万山市旭东设备制造公司2017年9月30日的总分类账户试算平衡表。

资产负债表

编制单位：万山市旭东设备制造公司　　　　***2017***年***8***月***31***日　　　　单位：元

资　产	期末余额	年初余额	负债和所有者权益	期末余额	年初余额
流动资产：			流动负债：		
货币资金	600 568.56	573 612.35	短期借款	200 000.00	250 000.00
以公允价值计量且其变动计入当期损益的金融资产			以公允价值计量且其变动计入当期损益的金融负债		
应收票据	50 000.00	46 000.00	应付票据	35 600.00	53 000.00
应收账款	96 000.00	113 000.00	应付账款	28 970.00	119 000.00
预付款项	35 000.00	27 800.00	预收款项	59 800.00	40 000.00
应收利息			应付职工薪酬	32 339.65	29 762.83
应收股利			应交税费	5 032.02	
其他应收款	3 000.00	5 000.00	应付利息	1 350.66	
存货	649 914.08	219 473.04	应付股利		
持有待售资产			其他应付款		
一年内到期的非流动资产			持有待售负债	5 000.00	9 105.02
其他流动资产			一年内到期的非流动负债		
流动资产合计	1 434 482.64	984 885.39	其他流动负债		
非流动资产：			流动负债合计	368 092.33	500 867.85
可供出售金融资产			非流动负债：		
持有至到期投资			长期借款		
长期应收款			应付债券		
长期股权投资			长期应付款		
投资性房地产			预计负债		
固定资产	3 974 524.38	4 208 143.28	递延所得税负债		
在建工程			其他非流动负债		
工程物资			非流动负债合计		
固定资产清理			所有者权益：		
无形资产			实收资本	4 500 000.00	4 500 000.00
商誉			资本公积	110 000.00	110 000.00
长期待摊费用			其他综合收益		
递延所得税资产			盈余公积	43 500.00	43 500.00
其他非流动资产			未分配利润	387 414.69	38 660.82
非流动资产合计	3 974 524.38	4 208143.28	所有者权益合计	5 040 914.69	4 692 160.82
资产总计	5 409 007.02	5 193 028.67	负债和所有者权益总计	5 409 007.02	5 193 028.67

利　润　表

编制单位：万山市旭东设备制造公司　　　　2016年7至9月　　　　单位：元

项　　目	本期金额	上期金额
一、营业收入	2 167 000.00	1 992 160.00
减：营业成本	1 853 728.57	1 687 850.32
税金及附加	17 320.28	16 210.87
销售费用	57 000.00	49 000.00
管理费用	129 700.00	131 000.81
财务费用	13 568.00	12 400.00
资产减值损失		
加：公允价值变动收益（损失以“−”号填列）		
投资收益（损失以“−”号填列）	21 000.00	5 000.00
其中：对联营企业和合营企业的投资收益		
资产处置收益（损失以“－”号填列）		
其他收益		
二、营业利润（亏损以“−”号填列）	116 683.15	100 698.00
加：营业外收入	41 500.38	21 000.00
减：营业外支出	62 194.53	46 000.00
三、利润总额（亏损总额以“−”号填列）	95 989.00	75 698.00
减：所得税费用	23 997.25	18 924.50
四、净利润（净亏损以“−”号填列）	71 991.75	56 773.50
五、其他综合收益的税后净额		
六、综合收益总额		
七、每股收益		
（一）基本每股收益		
（二）稀释每股收益		

万山市旭东设备制造公司2017年7—8月损益类账户累计发生额一览表

单位：元

序号	会计科目	借方发生额	贷方发生额
1	主营业务收入		1 387 250.00
2	其他业务收入		11 200.31
3	投资收益		35 000.00
4	营业外收入		33 900.00
5	主营业务成本	1 220 160.50	
6	其他业务成本	6 500.32	
7	税金及附加	7 512.49	
8	销售费用	27 300.00	
9	管理费用	71 121.89	
10	财务费用	4 230.11	
11	营业外支出	25 350.00	
12	所得税费用	26 293.75	

明细分类账户余额表

编制单位：万山市旭东设备制造公司　　2017年9月30日　　单位：元

明细科目	借方余额	贷方余额
广东华阳机床厂	138 000.00	
万山市险峰机床厂		18 000.00
合　计（应收账款）	120 000.00	
万山市设备配件公司	89 900.00	
万山市电子元件厂		37 900.00
合　计（预付账款）	52 000.00	
万山市钢铁公司		113 700.00
万山市临江铸造厂	30 630.00	
合　计（应付账款）		83 070.00
万山市长丰机床厂		15 000.00
万山市黔江机床有限公司		12 000.00
合　计（预收账款）		27 000.00

会计主管：李楷庭　　记账：　　复核：　　制单：

总分类账户试算平衡表

编制单位：万山市旭东设备制造公司　　2017年9月30日　　单位：元

会计科目	期初余额		本期发生额		期末余额	
	借方	贷方	借方	贷方	借方	贷方
库存现金	26 000.00		189 923.81	193 306.22	22 617.59	
银行存款	574 568.56		591 239.32	612 576.02	553 231.86	
应收票据	50 000.00		60 000.00	50 000.00	60 000.00	
应收账款	108 000.00		227 850.00	215 850.00	120 000.00	
坏账准备		12 000.00		3 000.00		15 000.00
预付账款	35 000.00		52 000.00	35 000.00	52 000.00	
其他应收款	3 000.00		6 580.00	5 200.00	4 380.00	
材料采购	22 000.00		358 960.23	368 960.22	12 000.01	
原材料	238 667.86		368 960.22	328 972.99	278 655.09	
库存商品	173 375.89		478 321.21	558 642.78	93 054.32	
固定资产	4 890 790.22		80 000.00		4 970 790.22	
累计折旧		916 265.84		46 723.70		962 989.54

续表

会计科目	期初余额		本期发生额		期末余额	
	借方	贷方	借方	贷方	借方	贷方
短期借款		200 000.00	120 000.00			80 000.00
应付票据		35 600.00	25 600.00	70 000.00		80 000.00
应付账款		28 970.00	28 000.00	82 100.00		83 070.00
预收账款		59 800.00	59 800.00	27 000.00		27 000.00
应付职工薪酬		32 339.65	152 500.00	142 500.00		22 339.65
应交税费		5 032.02	137 800.00	151 250.00		18 482.02
应付利息		1 350.66		750.00		2 100.66
其他应付款		5 000.00	5 600.00	7 600.00		7 000.00
实收资本		4 500 000.00				4 500 000.00
资本公积		110 000.00				110 000.00
盈余公积		43 500.00				43 500.00
本年利润		348 753.87	701 050.00	767 800.00		415 503.87
利润分配		38 660.82				38 660.82
生产成本	215 870.33		501 368.35	478 321.21	238 917.47	
制造费用			29 895.36	29 895.36		
主营业务收入			721 000.00	721 000.00		
其他业务收入			23 000.00	23 000.00		
投资收益			8 000.00	8 000.00		
营业外收入			15 800.00	15 800.00		
主营业务成本			558 642.78	558 642.78		
其他业务成本			20 600.00	20 600.00		
税金及附加			6 477.00	6 477.00		
销售费用			20 000.00	20 000.00		
管理费用			46 080.22	46 080.22		
财务费用			1 200.00	1 200.00		
营业外支出			25 800.00	25 800.00		
所得税费用			22 250.00	22 250.00		
合　计	6 337 272.86	6 337 272.86	5 644 298.50	5 644 298.50	6 405 646.56	6 405 646.56

会计主管：李楷庭　　记账：　　复核：　　制单：

第三部分　模拟实验材料

资产负债表

编制单位：　　　　　　　　　　　　年　月　日　　　　　　　　　　　　单位：元

资　产	期末余额	年初余额	负债和所有者权益	期末余额	年初余额
流动资产：			流动负债：		
货币资金			短期借款		
以公允价值计量且其变动计入当期损益的金融资产			以公允价值计量且其变动计入当期损益的金融负债		
应收票据			应付票据		
应收账款			应付账款		
预付款项			预收款项		
应收利息			应付职工薪酬		
应收股利			应交税费		
其他应收款			应付利息		
存货			应付股利		
持有待售资产			其他应付款		
一年内到期的非流动资产			持有待售负债		
其他流动资产			一年内到期的非流动负债		
流动资产合计			其他流动负债		
非流动资产：			流动负债合计		
可供出售金融资产			非流动负债：		
持有至到期投资			长期借款		
长期应收款			应付债券		
长期股权投资			长期应付款		
投资性房地产			预计负债		
固定资产			递延所得税负债		
在建工程			其他非流动负债		
工程物资			非流动负债合计		
固定资产清理			所有者权益：		
无形资产			实收资本		
商誉			资本公积		
长期待摊费用			其他综合收益		
递延所得税资产			盈余公积		
其他非流动资产			未分配利润		
非流动资产合计			所有者权益合计		
资产总计			负债和所有者权益总计		

利润表

编制单位：　　　　　　　　年　月　日　　　　　　　　单位：元

项　目	本期金额	上期金额
一、营业收入		
减：营业成本		
税金及附加		
销售费用		
管理费用		
财务费用		
资产减值损失		
加：公允价值变动收益（损失以“－”号填列）		
投资收益（损失以“－”号填列）		
其中：对联营企业和合营企业的投资收益		
资产处置收益（损失以“－”号填列）		
其他收益		
二、营业利润（亏损以“－”号填列）		
加：营业外收入		
减：营业外支出		
三、利润总额（亏损总额以“－”号填列）		
减：所得税费用		
四、净利润（净亏损以“－”号填列）		
五、其他综合收益的税后净额		
六、综合收益总额		
七、每股收益		
（一）基本每股收益		
（二）稀释每股收益		

实验6　科目汇总表账务处理程序

第一部分　实验预备知识

一、账务处理程序概述

会计凭证、会计账簿和会计报表是组织会计核算的工具，而填制和审核凭证、登记账簿、编制报表又是会计核算工作的三个主要环节和重要内容。显然，会计凭证、会计账簿和会计报表不是彼此孤立而是以一定的方式相互结合的。

账务处理程序也称会计核算形式、会计核算组织程序，是指会计凭证、会计账簿、会计报表之间相互结合的方式。它既包括会计凭证、会计账簿、会计报表各自的种类、格式，也包括根据审核无误的凭证登记账簿，根据核对无误的账簿记录编制报表这一记账程序和方法。

会计凭证、会计账簿、会计报表之间相互结合的方式不同，就会形成不同的账务处理程序。不同的账务处理程序具有不同的特点和适用性，对会计凭证、账簿的种类、格式，填制或登记方法等具有不同的要求。因此，科学合理地选择或设计一种适用于本单位的账务处理程序，对于有效地组织会计核算工作，正确、及时、完整地提供会计信息，尽可能简化会计核算手续，节约人力、物力和核算费用，都具有重要意义。

在我国，常用的账务处理程序主要有三种，即记账凭证账务处理程序、科目汇总表账务处理程序、汇总记账凭证账务处理程序。此外，有一些单位还分别采用多栏式日记账账务处理程序、日记总账账务处理程序、通用日记账账务处理程序等。

以上六种账务处理程序存在多方面的共同点，其主要的区别表现在登记总分类账的依据、方法不同。

二、科目汇总表账务处理程序的基本内容

科目汇总表账务处理程序又称记账凭证汇总表账务处理程序，其主要特点是：根据全部记账凭证定期编制科目汇总表，然后据以登记总分类账。

科目汇总表账务处理程序的一般程序是：

1.根据原始凭证编制汇总原始凭证；

2.根据原始凭证或汇总原始凭证编制记账凭证；

3.根据收款凭证、付款凭证逐日逐笔登记库存现金日记账和银行存款日记账；

4.根据原始凭证、汇总原始凭证和记账凭证登记明细分类账；

5.根据一定时期的全部记账凭证，定期汇总，编制科目汇总表；

6.根据科目汇总表登记总分类账；

7.期末，将库存现金日记账、银行存款日记账和明细分类账的余额与有关总分类账的余额核对相符；

8.期末，根据核对无误的分类账记录编制会计报表。

三、科目汇总表的编制

科目汇总表也称记账凭证汇总表，是指根据一定时期内的全部记账凭证，按照相同科目的借方、贷方分别进行归类，并计算出每一总账科目该期的借方发生额合计数和贷方发生额合计数所编制的汇总表。它是根据记账凭证定期汇总编制的一种特种记账凭证。

科目汇总表的编制方法是：定期（如五天或十天）将该期间内的所有记账凭证按相同会计科目归类，汇总每一会计科目的本期借方发生额和本期贷方发生额，分别填入科目汇总表的借方栏和贷方栏内，最终计算出全部总账科目该期的借方发生额合计数和贷方发生额合计数，并经试算平衡即可。

科目汇总表的编制步骤是：第一，按照总分类账账页目录中的账户名称，依次开设“T”形账；第二，定期（如五天或十天）将该期间内的所有记账凭证过入“T”形账；第三，根据“T”形账记录计算每个账户的借方、贷方发生额；第四，根据“T”形账记录中每个账户的借方、贷方发生额填列科目汇总表，并加计合计数，检查借方发生额合计数和贷方发生额合计数是否平衡。

科目汇总表可以每汇总一次编制一张，也可以按旬汇总一次，每月编制一张。

在编制科目汇总表时，如果借方发生额合计数与贷方发生额合计数相等，说明记账凭证和科目汇总表编制基本正确，可以根据科目汇总表登记总分类账。如果不等，需查找原因，待平衡之后方可登记总分类账。

四、科目汇总表账务处理程序的优缺点和适用范围

由于在登记总分类账之前先编制科目汇总表，因此，采用这一账务处理程序可以大大减轻登记总账的工作量。同时，由于科目汇总表实际上又是一定时期内的总分类账户本期发生额对照表，因此，科目汇总表起到了登记总账前的试算平衡作用，从而预防了一些错误的发生。

科目汇总表账务处理程序的缺点是：无法反映经济交易或事项的概要。因为科目汇总表及总分类账户都不写摘要。此外，科目汇总表及总分类账都不反映账户对应关系，故不利于日后查考和根据账簿记录进行分析。

科目汇总表账务处理程序一般适用于业务量较大，记账凭证较多的单位。

第二部分　实验项目设计

一、实验目的

本实验主要针对科目汇总表账务处理程序进行实验，属于认知与验证性综合实验。通过实验，使学生了解各种不同类型经济交易或事项应取得或者填制的原始凭证，了解和掌握专用记账凭证的种类、格式和填制方法，了解和掌握账簿的种类、格式和登记方法，了解和掌握资产负债表、利润表的格式和编制方法，增强对在科目汇总表账务处理程序下企业账务处理工作的感性认识，增强学生动手能力和综合应用能力。

二、实验操作要求

1.月初，根据实验资料（二）所列万山市沙河铸造厂2017年10月份总账科目余额表、明细科目余额表及实验资料（三）所列11月份发生的交

易或事项，开设总分类账户和“原材料”“库存商品”“生产成本”明细分类账户；

2.根据实验资料（四）所列万山市沙河铸造厂2017年11月份交易或事项取得的原始凭证编制专用记账凭证；

3.根据11月份收款凭证、付款凭证逐日逐笔登记库存现金日记账和银行存款日记账；

4.根据11月份原始凭证和记账凭证登记“原材料”“库存商品”“生产成本”明细分类账户；

5.月末，根据11月份全部记账凭证编制科目汇总表；

6.月末，根据11月份科目汇总表登记总分类账户；

7.月末，将“原材料”“库存商品”“生产成本”明细分类账户的余额，与有关总分类账的余额核对相符；

8.月末，根据核对无误的分类账记录和实验资料（二），编制万山市沙河铸造厂2017年11月30日的资产负债表和11月份利润表。

三、实验资料

（一）实验企业基础资料：

企业负责人：刘明德（董事长、厂长）

企业名称：万山市沙河铸造厂

企业地址：万山市云岩区鹿冲关路866号

邮政编码：550004

联系电话：69026699

开户银行：中国工商银行万山市鹿冲关路支行

银行账号：3502500045678

纳税人类别及增值税税率：一般纳税人，增值税税率为17%

纳税人识别号：915201025622137821

会计主管：赵光年

出纳员：李娜

企业主要经营活动：万山市沙河铸造厂设有一个铸造车间，该厂主营业务是运用生铁、废钢等原材料生产和销售各种规格的电机壳

（二）万山市沙河铸造厂2017年10月31日的总账科目余额表、明细科目余额表、资产负债表和2016年11月份的利润表如下：

总账科目余额表

编制单位：万山市沙河铸造厂　　2017年10月31月　　单位：元

科目编号	会计科目	借方余额	贷方余额
1001	库存现金	6 700.80	
1002	银行存款	128 000.00	
1122	应收账款	50 000.00	
1221	其他应收款	800.00	
1401	材料采购		
1403	原材料	62 194.00	
1405	库存商品	17 806.00	
1601	固定资产	2 260 000.00	
1602	累计折旧		399 000.30
2001	短期借款		
2202	应付账款		23 000.00
2211	应付职工薪酬		64 150.30
2221	应交税费		
2231	应付利息		
4001	实收资本		1 550 000.00
4101	盈余公积		173 300.00
4103	本年利润		254 050.20
4104	利润分配		62 000.00
5001	生产成本		
5101	制造费用		
	合计	2 525 500.80	2 525 500.80

会计主管：赵光年　　记账：　　复核：　　制表：

明细科目余额表

编制单位：万山市沙河铸造厂　　2017年10月31日　　金额单位：元

明细科目	计量单位	数　量	单　价	结存余额	
				借　方	贷　方
生铁	吨	16	1 630.00	26 080.00	
废钢	吨	12	2 030.00	24 360.00	
油漆	千克	130	45.00	5 850.00	
维修材料	套	3	1 968.00	5 904.00	
合计（原材料）				62 194.00	
25KW电机壳	台	100	82.43	8 243.00	
40KW电机壳	台	100	95.63	9 563.00	
合计（库存商品）				17 806.00	

会计主管：赵光年　　记账：　　复核：　　制表：

资产负债表

编制单位：万山市沙河铸造厂　　　　2017年10月31日　　　　单位：元

资　产	期末余额	年初余额	负债入所有者权益	期末余额	年初余额
流动资产：			流动负债：		
货币资金	134 700.80	118 351.32	短期借款		180 000.00
以公允价值计量且其变动计入当期损益的金额资产		20 000.00	以公允价值计量且其变动计入当期损益的金融负债		
应收票据		10 000.00	应付票据		38 000.00
应收账款	50 000.00	16 000.00	应付账款	23 000.00	21 000.00
预付款项		8 000.00	预收款项		10 800.00
应收利息			应付职工薪酬	64 150.30	38 126.88
应收股利			应交税费		
其他应收款	800.00	500.00	应付利息		
存货	80 000.00	69 071.56	应付股利		
持有待售资产			其他应付款		2 096.00
一年内到期的非流动资产			持有待售负债		
其他流动资产			一年内到期的非流动负债		
流动资产合计	265 500.80	241 922.88	其他流动负债		
非流动资产：			流动负债合计	87 150.30	290 022.88
可供出售金融资产			非流动负债：		
持有至到期投资			长期借款		
长期应收款			应付债券		
长期股权投资			长期应付款		
投资性房地产			预计负债		
固定资产	1 860 999.70	1 833 400.00	递延所得税负债		
在建工程			其他非流动负债		
工程物资			非流动负债合计		
固定资产清理			所有者权益：		
无形资产			实收资本	1 550 000.00	1 550 000.00
商誉			资本公积		
长期待摊费用			其他综合收益		
递延所得税资产			盈余公积	173 300.00	173 300.00
其他非流动资产			未分配利润	316 050.20	62 000.00
非流动资产合计	1 860 999.70	1 833 400.00	所有者权益合计	2 039 350.20	1 785 300.00
资产总计	2 126 500.50	2 075 322.88	负债和所有者权益总计	2 126 500.50	2 075 322.88

利 润 表

编制单位：万山市沙河铸造厂　　**2016**年**11**月　　单位：元

项　　目	本期金额	上期金额
一、营业收入	318 500.00	307 860.00
减：营业成本	153 780.00	146 297.00
税金及附加	2 876.30	2 735.48
销售费用	2 700.00	3 000.00
管理费用	33 685.00	35 127.80
财务费用	1 000.00	2 149.00
资产减值损失		
加：公允价值变动收益（损失以“-”号填列）		
投资收益（损失以“-”号填列）	3 000.00	1 300.00
其中：对联营企业和合营企业的投资收益		
资产处置收益（损失以“-”号填列）		
其他收益		
二、营业利润（亏损以“-”号填列）	127 458.70	119 850.72
加：营业外收入	500.00	350.00
减：营业外支出	8 000.00	12 000.00
三、利润总额（亏损总额以“-”号填列）	119 958.70	108 200.72
减：所得税费用	29 989.68	27 050.18
四、净利润（净亏损以“-”号填列）	89 969.02	81 150.54
五、其他综合收益的税后净额		
六、综合收益总额		
七、每股收益		
（一）基本每股收益		
（二）稀释每股收益		

（三）万山市沙河铸造厂2017年11月份发生以下交易或事项：

1. 1日，向中国工商银行万山市云岩区鹿冲关路支行申请6个月借款150 000元，年利率4.5%，款项直接存入银行。原始凭证代号：6-1。

2. 1日，签发转账支票1 661.40元，从万山市文化用品公司购买一批办公用品：B5复印纸5箱，单价120元，计600元；书写稿纸100本，单价1元，计100元；卡西欧计算器8台，单价90元，计720元；进项税额241.40元。办公用品直接交付使用。原始凭证代号：6-2-1、6-2-2、6-2-3。

3. 2日，收到万山市西南电机厂前欠货款36 000元。原始凭证代号：6-3。

4. 2日，以银行存款18 000元偿还前欠兰州市钢铁公司货款。原始凭证代号：6-4。

5. 2日，签发转账支票2 650元，支付万山市都市报社广告费。原始凭证代号：6-5-1、6-5-2。

6. 3日，以银行存款121 680元向兰州市钢铁公司购买一批原材料：生铁40吨，单价1 600元，计64 000元；废钢20吨，单价2 000元，计40 000元，进项增值税17 680元。原始凭证代号：6-6-1、6-6-2。

7. 4日，上述钢铁由万山市运输公司运回本厂，当即签发转账支票1 998元，支付万山市运输公司运费及进项税额（假定该运费按重量比例全部计入钢铁采购成本）。原始凭证代号：6-7-1、6-7-2、6-7-3。

8. 4日，上述钢铁由仓库如数验收，结转其实际采购成本。原始凭证代号：6-8-1、6-8-2。

9. 5日，铸造车间生产25KW电机壳，从仓库领用以下材料：生铁18吨、废钢10吨。原始凭证代号：6-9。

10. 6日，从金阳汽车销售公司购买卡车一辆，价税合计58 500元，款项已付，卡车当即验收投入使用。原始凭证代号：6-10-1、6-10-2、6-10-3。

11. 7日，铸造车间生产40KW电机壳，从仓库领用以下材料：生铁21吨、废钢10吨。原始凭证代号：6-11。

12. 8日，市场营销部采购员周明池出差去重庆市，借支差旅费2 000元，现金支票付讫。原始凭证代号：6-12-1、6-12-2。

13. 10日，签发现金支票从银行提取现金80 500元，准备发放本月职工工资。原始凭证代号：6-13。

14. 10日，以现金80 500元发放本月职工工资。原始凭证代号：6-14。

15. 11日，车间、厂部固定资产日常修理维护，发生修理费1 968元、进项税额334.56元，签发转账支票付讫。原始凭证代号：6-15-1、6-15-2。

16. 13日，市场营销部采购员周明池出差回厂，报销差旅费1 420元（出差补助30元/天；火车票2张，共400元；住宿费发票1张，金额600元；市内车票12张，金额240元），余款580元退回，现金收讫。原始凭证代号：6-16-1、6-16-2。

17. 15日，铸造车间生产领用油漆70千克，单价45元。25KW电机壳耗用30千克，40KW电机壳耗用40千克。原始凭证代号：6-17-1、6-17-2。

18. 17日，厂长刘明德报销5月份手机费217.50元，现金付讫。原始凭证代号：6-18。

19. 20日，签发转账支票1 534.02元，支付万山市自来水公司2017年10月21日至11月20日水费及进项税额。其中，铸造车间负担水费890元，厂部负担水费492元。原始凭证代号：6-19-1、6-19-2、6-19-3。

20. 21日，按规定程序，将盈余公积60 000元转增资本。原始凭证代号：6-20。

21. 24日，向万山市西南电机厂售出商品一批，开出的增值税专用发票内列：25KW电机壳1 000台，单价171元，价款171 000元，税额29 070元。当即收到转账支票送存银行。原始凭证代号：6-21-1、6-21-2。

22. 26日，经批准，转销前欠万山市废品公司货款。原始凭证代号：6-22。

23. 27日，签发转账支票3 159元，支付市南供电局电费及进项税额。其中，铸造车间负担电费2 300元，厂部负担电费400元。原始凭证代号：6-23-1、6-23-2、6-23-3。

24. 29日，向万山市永动电机厂售出商品一批，开出的增值税专用发票内列：40KW电机壳900台，单价198元，价款178 200元，税额30 294元。当即收到转账支票送存银行。原始凭证代号：6-24-1、6-24-2。

25. 30日，分配本月职工工资总额80 500元，按用途分配为：25KW电机壳生产工人工资24 000元、40KW电机壳生产工人工资30 000元、铸造车间管理人员工资3 500元、厂部管理人员工资23 000元。原始凭证代号：6-25。

26. 30日，签发转账支票11 270元购入浓缩刺梨饮品，当即向各部门职工发放。原始凭证代号：6-26-1、6-26-2、6-26-3。

27. 30日，计提本月固定资产折旧费，其中铸造车间应提折旧2 000元，厂部负担2 500元。原始凭证代号：6-27。

28. 30日，计提应由本月负担的短期借款利息费用562.50元。原始凭证代号：6-28。

29. 30日，将本月发生的制造费用总额按生产工人工资比例分配转入25KW电机壳、40KW电机壳的生产成本。原始凭证代号：6-29。

30. 30日，本月新投产的25KW电机壳1 000台、40KW电机壳1 000台全部完工验收入库，计算并结转其实际生产成本。原始凭证代号：6-30-1、6-30-2。

31. 30日，结转本月已销售产品的实际生产成本。原始凭证代号：6-31。

32. 30日，按本月应交增值税额和税率7%、附加率3%计算本月应交城市维护建设税和教育费附加。原始凭证代号：6-32。

33. 30日，结转本月各项收入。

34. 30日，结转本月各项费用。

35. 30日，根据本月利润总额，按25%的税率计算并结转应交所得税。原始凭证代号：6-35。

36. 30日，以银行存款交纳本月应交城市维护建设税、教育费附加、增值税、企业所得税。原始凭证代号：6-36-1、6-36-2、6-36-3、6-36-4。

（四）万山市沙河铸造厂2017年11月份以上交易或事项取得的原始凭证如下（假定所有原始凭证必备印章、签名均已具备，原始凭证经审核无误）：

6-1

中国工商银行万山市云岩区鹿冲关路支行借款凭证（回单）

转账日期 2017年11月1日 对方科目 传票编号：18

借款单位名称	万山市沙河铸造厂	放款账号	6975-18	往来账号	3502500045678								
借款金额	人民币（大写）	壹拾伍万元整		百	十	万	千	百	十	元	角	分	
				¥	1	5	0	0	0	0	0	0	
用途	生产周转	单位提出期限自2017年11月1日至2018年4月30日		利率	4.50%								
		银行提出期限自2017年11月1日至2018年4月30日											
上列款项已入你方单位往来账户 此致 单位 （中国工商银行 万山市鹿冲关路支行 转讫）银行盖章				单位会计分录：									

分次偿还记录	日期		偿还金额									未还金额								
	月	日	百	十	万	千	百	十	元	角	分	百	十	万	千	百	十	元	角	分

分次偿还计划	日期		金额								
	月	日	千	百	十	万	千	百	十	元	角	分

6-2-1

中国工商银行
转账支票存根（万）

BX/02 03947602

附加信息

出票日期：2017年11月1日

收款人：	万山市文化用品公司
金　额：	¥1 661.40
用　途：	购买办公用品

单位主管：刘明德　　会计：赵光年

6-2-2

5200081132

贵州增值税专用发票

发票联

№ 01138667 5200081132
01138667

开票日期：2017年11月1日

购买方	名　　称：万山市沙河铸造厂 纳税人识别号：915201025622137821 地 址、电 话：万山市云岩区鹿冲关路866号 69026699 开户行及账号：工行万山市鹿冲关路支行 3502500045678				密码区	3+5-23*86/9<573/76<7+31+58 《63>2-35/61《3-725*7-3<9<3+ 42*66-9-86+5*517-7+533192>4	
货物或应税劳务、服务名称	规格型号	单位	数量	单价	金额	税率	税额
复印纸	B5	箱	5	120.00	600.00	17%	102.00
书写稿纸		本	100	1.00	100.00	17%	17.00
卡西欧计算器	130型	台	8	90.00	720.00	17%	122.40
合　计					¥1 420.00		¥241.40
价税合计（大写）	⊗壹仟陆佰陆拾壹元肆角整					（小写）¥1 661.40	
销售方	名　　称：万山市文化用品公司 纳税人识别号：915201020358762736 地 址、电 话：万山市滨江路238号 69023577 开户行及账号：工行万山市滨江支行 3502500038723				备注	万山市文化用品公司 915201020358762736 发票专用章	

第三联 发票联 购买方记账凭证

收款人：牛金萍　　复核：　　开票人：牛金萍　　销售方（章）：

6-2-3

万山市沙河铸造厂

办公用品领用表

2017年11月

领用车间和部门	领发数量			金额
	计算器	B5复印纸	稿纸	
厂部管理部门	8	5	100	1 420.00
合　计	8	5	100	1 420.00

审核：陈　鹏　　制表：刘　刚　　领用人：王文琴

6-3

中国工商银行信汇凭证（收账通知或取款收据） 4

第232号

委托日期2017年11月1日　　　　应解汇款编号：

收款人	全　称	万山市沙河铸造厂		汇款人	全　称	万山市西南电机厂	
	账　号或地址	3502500045678			账　号或地址	130407060254367	
	汇　入地　点	万山县（市）	汇入行名称：鹿冲关路支行		汇　出地　点	万山县（市）	汇出行名称：湘雅支行
金额	人民币（大写）	叁万陆仟元整					

千	百	十	万	千	百	十	元	角	分
		¥	3	6	0	0	0	0	0

汇款用途：归还欠款

留行待取预留收款人印鉴

上列款项已代进账，如有错误，请持此联来行面洽。

汇入行盖章

2017年11月2日

（印章：中国工商银行 万山市鹿冲关路支行 转讫）

上列款项已照收无误

（印章：李娜 印）

汇入行盖章

2017年11月2日

科目（收）

对方科目（付）

汇入行解汇日期　　年　　月　　日

复核

记账　　　　出纳

此联是给收款人的收账通知或代取款收据

6-4

中国工商银行信汇凭证（回　单） 1

第11号

委托日期2017年11月2日

收款人	全　称	兰州市钢铁公司		汇款人	全　称	万山市沙河铸造厂	
	账　号或地址	2704500012345			账　号或地址	3502500045678	
	汇　入地　点	兰州县（市）	汇入行名称：天钢支行		汇　出地　点	万山县（市）	汇出行名称：鹿冲关路支行
金额	人民币（大写）	壹万捌仟元整					

千	百	十	万	千	百	十	元	角	分
		¥	1	8	0	0	0	0	0

汇款用途：偿还货款

上列款项已根据委托办理，如须查询，请持此回单来行面洽。

单位主管　　会计 李兴桥　　复核 王小海　　记账 刘仁花

（汇出行盖章）

（印章：中国工商银行 万山市鹿冲关路支行 转讫）

2017年11月2日

此联是汇出行给汇款人的回单

6-5-1

中国工商银行
转账支票存根（万）

BX/02 03947603

附加信息

出票日期：2017年11月2日

收款人：	万山市都市报社
金　额：	¥2 650.00
用　途：	支付广告费

单位主管：刘明德　　会计：赵光年

6-5-2

5200081139

贵州增值税专用发票

发票联

№ 01232135　5200081139 01232135

开票日期：2017年11月2日

购买方	名　称：万山市沙河铸造厂 纳税人识别号：915201025622137821 地址、电话：万山市云岩区鹿冲关路866号　69026699 开户行及账号：工行万山市鹿冲关路支行 3502500045678				密码区	8-73 / 5*2 + 62<93 5 + 2 / 37<13 + 1576-31>5/92 《7-354<1-6*32+6 <9*26-9-86+5*517-7+533192>4	
货物或应税劳务、服务名称	规格型号	单位	数量	单价	金额	税率	税额
产品广告费		次	50	50.00	2 500.00	6%	150.00
合　计					¥2 500.00		¥150.00
价税合计（大写）	⊗贰仟陆佰伍拾元整					（小写）¥2 650.00	
销售方	名　称：万山市都市报社 纳税人识别号：915201025732158715 地址、电话：万山市电台街2号 69032788 开户行及账号：工行万山市南区支行 2401500078356				备注	万山市都市报社 915201025732158715 发票专用章	

收款人：刘伟　　复核：　　开票人：刘伟　　销售方（章）：

第三联 发票联 购买方记账凭证

6-6-1

3400033219

甘肃增值税专用发票

发票联

№ 02253873　3400033219　02253873

开票日期：2017年11月3日

购买方	名　　称：万山市沙河铸造厂 纳税人识别号：915201025622137821 地 址、电 话：万山市云岩区鹿冲关路866号 69026699 开户行及账号：工行万山市鹿冲关路支行 3502500045678				密码区	8-73/5*2+62<935+2/37<13+15 《76-31>5/92《7-354<1-6*32+6 <9*26-9-86+5*517-7+533192>4	
货物或应税劳务、服务名称	规格型号	单位	数量	单价	金额	税率	税额
生铁		吨	40	1 600.00	64 000.00	17%	10 880.00
废钢		吨	20	2 000.00	40 000.00	17%	6 800.00
合　计					¥104 000.00		¥17 680.00
价税合计（大写）	⊗壹拾贰万壹仟陆佰捌拾元整					（小写）¥121 680.00	
销售方	名　　称：兰州市钢铁公司 纳税人识别号：853111016752156789 地 址、电 话：兰州市三号大街220号 6432506 开户行及账号：工行兰州市天钢支行 2704500012345				备注	兰州市钢铁公司 853111016752156789 发票专用章	

第三联　发票联　购买方记账凭证

收款人：张　光　　复核：李　林　　开票人：张　光　　销售方（章）：

6-6-2

中国工商银行信汇凭证（回　单）1

第13号

委托日期2017年11月3日

收款人	全　称	兰州市钢铁公司		汇款人	全　称	万山市沙河铸造厂	
	账　号或地址	2704500012345			账　号或地址	3502500045678	
	汇入地点	兰州市/县	汇入行名称：天钢支行		汇出地点	万山市/县	汇出行名称：鹿冲关路支行

金额	人民币（大写）	千	百	十	万	千	百	十	元	角	分
	壹拾贰万壹仟陆佰捌拾元整		¥	1	2	1	6	8	0	0	0

汇款用途：支付货款及增值税

上列款项已根据委托办理，如须查询，请持此回单来行面洽。

单位主管　　会计 李兴桥　　复核 王小海　　记账 刘仁花

（汇出行盖章）中国工商银行 万山市鹿冲关路支行 转讫

2017年11月3日

此联是汇出行给汇款人的回单

6-7-1

5200081137

贵州增值税专用发票

发票联

№ 01197823 5200081137 01197823

开票日期：2017年11月4日

购买方	名称：万山市沙河铸造厂 纳税人识别号：915201025622137821 地址、电话：万山市云岩区鹿冲关路866号 69026699 开户行及账号：工行万山市鹿冲关路支行 3502500045678				密码区	7-3+24*51/73<62+173/58<3+2 《75>4 《75-12/6-393 《7+2*7-6 〈35*86-9-86+5*517-7+533192>4	
货物或应税劳务、服务名称	规格型号	单位	数量	单价	金额	税率	税额
运输费		吨	60	30.00	1 800.00	11%	198.00
合计					¥1 800.00		¥198.00
价税合计（大写）	⊗壹仟玖佰玖拾捌元整					（小写）¥1 998.00	
销售方	名称：万山市运输公司 纳税人识别号：915201020783276526 地址、电话：万山市黄金路79号 68031168 开户行及账号：工行万山市扁井支行 3502500038267				备注	万山市运输公司 915201020783276526 发票专用章	

收款人：李纳　　复核：　　开票人：张军　　销售方（章）：

第三联 发票联 购买方记账凭证

6-7-2

万山市沙河铸造厂

材料采购费用分配表

2017年11月4日

分配对象	分配标准（材料重量　吨）	分配率	分配金额
生铁	40	30.00	1 200.00
废钢	20	30.00	600.00
合计	60	30.00	1 800.00

复核：吴鹏　　制表：刘钢

6-7-3

中国工商银行
转账支票存根（万）

$\frac{BX}{02}$03947604

附加信息

出票日期：2017年11月4日

收款人：	万山市运输公司
金　额：	¥1 998.00
用　途：	支付运费

单位主管：刘明德　　会计：赵光年

6-8-1

万山市沙河铸造厂

收　料　单

发票号：1235679　　2017年11月4日　　编号：123

供应单位	兰州市钢铁公司			材料类别及编号		主要材料	
材料名称及规格	计量单位	数量		实际成本			
		发票	实收	发票价格	运杂费	总价	单价
生铁	吨	40	40	64 000.00	1 200.00	65 200.00	1 630.00
备注							

第二联　财会部门

核算：刘钢　　主管：赵光年　　保管：张参　　检验：李三　　交库：刘德

6-8-2

万山市沙河铸造厂

收　料　单

发票号：1235679　　2017年11月4日　　编号：124

供应单位	兰州市钢铁公司			材料类别及编号		主要材料	
材料名称及规格	计量单位	数量		实际成本			
		发票	实收	发票价格	运杂费	总价	单价
废钢	吨	20	20	40 000.00	600.00	40 600.00	2 030.00
备注							

第二联　财会部门

核算：刘钢　　主管：赵光年　　保管：张参　　检验：李三　　交库：刘德

6-9

万山市沙河铸造厂

领　料　单

编号：120401

领用部门：生产车间　　　　2017年11月5日　　　　发料仓库：1号库

材料类别	名称及规格	计量单位	数量		金额		用途
			请领	实领	单价	总额	
原料及主要材料	生铁	吨	18	18	1 630.00	29 340.00	25KW电机壳
	废钢	吨	10	10	2 030.00	20 300.00	25KW电机壳
合计						49 640.00	

第三联　记账联

发料人：赵雪　　记账：刘云　　领料部门负责人：陈丽　　领料人：秦华

6-10-1

机动车销售统一发票

发票联（全国统一发票监制章 贵州 国家税务总局监制）

发票代码 152001622138

发票号码 00693278

开票日期：2017-11-06

机打代码	152001622138	税控码	405 < 407 / 315 - 852*73 < 417 + 523 + 1383 < 75 / 46 > 871 < 779 - 27*66 - 23《8667 > 29《73 > 25 + 8 < 73 / 159 - 4*2 - 466-9-86+5*517-7+533192>4
机打号码	00693278		
机器编码	889906267813		
购买方名称及身份证号码/组织机构代码	万山市沙河铸造厂 117532768	纳税人识别号	915201025622137821
车辆类型	货车	厂牌型号	云雀汽车牌 / BOAG670BU
产地	贵州省		
合格证号	WE93318	进口证明书号	
商检单号	无		
发动机号码	089365	车辆识别代码/车架号码	LS75H095397
价税合计	⊗伍万捌仟伍佰元整	小写	¥58 500.00
销货单位名称	金阳汽车销售公司	电话	65357798
纳税人识别号	915201020014567365	账号	2503400064321
地址	万山市平安大道88号	开户银行	工行万山市金阳支行
增值税税率或征收率	17%	增值税税额	¥8 500.00
主管税务机关及代码	万山市金阳区国家税务局 009410187		
不含税价	小写¥50 000.00	完税凭证号码	
吨位	4	限乘人数	3

第二联　发票联　购买方记账凭证（手开无效）

销货单位盖章（金阳汽车销售公司 915201020014567365 发票专用章）　　开票人：陈丽　　备注：一车一票

黔国税（2017）第25号2017年1月印（80万份×6）00000001-00800000 万山市新华印刷厂

6-10-2

中国工商银行
转账支票存根（万）

$\frac{BX}{02}$03947605

附加信息

出票日期：2017年11月6日

收款人：	金阳汽车销售公司
金　额：	￥58 500.00
用　途：	购买载货汽车

单位主管：刘明德　　会计：赵光年

6-10-3

万山市沙河铸造厂

固定资产验收单

2017年11月6日

名称及型号	单　位	数　量	原始价值	来源方式	预计使用年限
云雀牌卡车	辆	1	50 000.00	外购	10年

6-11

万山市沙河铸造厂

领　料　单

编号：120402

领用部门：生产车间　　2017年11月7日　　发料仓库：1号库

材料类别	名称及规格	计量单位	数量		金额		用　途
			请　领	实　领	单　价	总　额	
原料及主要材料	生　铁	吨	21	21	1 630.00	34 230.00	40KW电机壳
	废　钢	吨	10	10	2 030.00	20 300.00	40KW电机壳
	合　计						

第三联　记账联

发料人：赵　雪　　记账：刘　云　　领料部门负责人：陈　丽　　领料人：秦　华

6-15-1

5200081147

贵州增值税专用发票

发票联

№ 01259823　5200081147
01259823

开票日期：2017年11月11日

购买方	名　　称：万山市沙河铸造厂 纳税人识别号：915201025622137821 地 址、电 话：万山市云岩区鹿冲关路866号 69026699 开户行及账号：工行万山市鹿冲关路支行 3502500045678					密码区	4+23/5*27−83<975<4+67/25+8 《235>3−72《3/16−572−4<5*1+3* 76<86−9−86+5*517−7+533192>4	
货物或应税劳务、服务名称	规格型号	单位	数量	单价	金额	税率	税额	
设备维修费					1 968.00	17%	334.56	
合　计					¥1 968.00		¥334.56	
价税合计（大写）	⊗贰仟叁佰零贰元伍角陆分					（小写）¥2 302.56		
销售方	名　　称：万山市通力机械设备公司 纳税人识别号：915201020192786502 地 址、电 话：万山市紫阳路169号 56206188 开户行及账号：工行万山市南区支行 2401500039526					备注	万山市通力机械设备公司 915201020192786502 发票专用章	

收款人：　　复核：　　开票人：张 军　　销售方（章）：

第三联 发票联 购买方记账凭证

6-15-2

中国工商银行
转账支票存根（万）

BX/02 03947606

附加信息

出票日期：2017年11月11日

收款人：	万山市通力机械设备公司
金　额：	¥2 302.56
用　途：	设备修理费

单位主管：刘明德　　会计：赵光年

6-16-1

万山市沙河铸造厂

差旅费报销单

部门名称：市场营销部　　　　2017年11月13日

出差人		周明池		共1人				事由		采购						自11月8日起 至11月13日至			共6天
出发时间				到达时间				火车票	卧铺票	汽车票	飞机票	市内车费	轮船	宿费	其他	餐费补助			合计金额
月	日	时	地点	月	日	时	地点									天数	标准	金额	
11	8	5	万山	11	9	8	重庆	200.00				200.00		600.00		6	30.00	180.00	1 180.00
11	12	9	重庆	11	13	5	万山	200.00				40.00							240.00
								400.00				240.00		600.00				180.00	1 420.00
合计（大写）壹仟肆佰贰拾元整																			¥1 420.00

附单据15张

单位主管：刘明德　　部门负责人：赵　传　　复核：秦　丽　　报销人：周明池

6-16-2

万山市沙河铸造厂

收款收据

2017年11月13日　　第612号

交款单位或姓名		周明池
款项来源		交差旅费余款
金　额	人民币（大写）	伍佰捌拾元整　　¥580.00

现金收讫

三 收款单位财务

万山市沙河铸造厂 财务专用章

收款单位（公章）　　收款人：李娜 印　　交款人：周明池

6-17-1

万山市沙河铸造厂

领料单

编号：120403

领用部门：生产车间　　2017年11月15日　　发料仓库：1号库

材料类别	名称及规格	计量单位	数量		金额		用　途
			请　领	实　领	单　价	总　额	
原料及主要材料	油漆	千克	30	30	45.00	1 350.00	25KW电机壳
合　计						1 350.00	

第三联 记账联

发料人：赵　雪　　记账：刘　云　　领料部门负责人：陈　丽　　领料人：秦　华

6-17-2

万山市沙河铸造厂

领 料 单

编号：120404

领用部门：生产车间　　2017年11月15日　　发料仓库：1号库

材料类别	名称及规格	计量单位	数量		金额		用途
			请领	实领	单价	总额	
原料及主要材料	油漆	千克	40	40	45.00	1 800.00	40KW电机壳
合计						1 800.00	

第三联 记账联

发料人：赵雪　　记账：刘云　　领料部门负责人：陈丽　　领料人：秦华

6-18

中国移动通信 CHINA MOBILE

中国移动通信集团贵州有限公司专用发票

发 票 联

发票代码 252010734009
发票号码 22353631

用户名称：刘明德　　电话号码：1581126777

用户账号：10005342799　　账单结算时间：2017/10/01-2017/11/01

收费项目	金额（元）	收费项目	金额（元）	结算项目	金额（元）
优惠	-20.00	长途费	20.30	上次余额	300.60
本地通话费	171.20	新业务通信费	23.10	本次发生	217.50
新业务信息费	0.00	月租费	17.55	本次实缴	100.00
附加费	4.80	点对点短信费	0.55	本次余额	183.10
实缴金额	¥100.00	人民币（大写）	壹佰元整		

1.本发票为电脑票，手开无效，请用户妥善保管。
2.服务电话：10086。
3.滞纳金按每日千分之三计算。
4.每日计收基本费。

中国移动通信集团
贵州有限公司万山分公司
万山市中华北路119号
万山市地税局
地税发票专用章

第二联 发票联

万地税征印字第124号，本次印制600万份×3，190×140。

收费点：万山市中华北路营业厅　　收款员：刘一花　　打印时间：2017-11-01 10:31

6-19-1

中国工商银行
转账支票存根（万）

BX/02 03947607

附加信息

出票日期：2017年11月20日

收款人：	万山市自来水公司
金　额：	¥1 534.02
用　途：	支付水费

单位主管：刘明德　　会计：赵光年

6-19-2

万山市沙河铸造厂

水 费 分 配 表

2017年11月20日

使用部门	分配率	分配金额
生产车间	64.40%	890.00
管理部门	35.60%	492.00
合　计	100.00%	1 382.00

会计主管　赵光年　　稽核　李　云　　制单人　秦　丽

6-19-3

5200081155

贵州增值税专用发票

发票联

№ 01327851　5200081155 01327851

开票日期：2017年11月20日

购买方	名　　称：万山市沙河铸造厂 纳税人识别号：915201025622137821 地 址、电 话：万山市云岩区鹿冲关路866号 69026699 开户行及账号：工行万山市鹿冲关路支行 3502500045678			密码区	3-76/31*5+37《24+3<59/24+83 《75>21-7/14《32-169-3<2%51+4 <7*56-9-86+5*517-7+533192>4		
货物或应税劳务、服务名称	规格型号	单位	数量	单价	金额	税率	税额
水费		吨	863.75	1.60	1 382.00	11%	152.02
合　计					¥1 382.00		¥152.02
价税合计（大写）	⊗壹仟伍佰叁拾肆元零贰分					（小写）	¥1 534.02
销售方	名　　称：万山市自来水公司 纳税人识别号：915201012587462113 6 地 址、电 话：万山市长征路220号 54336698 开户行及账号：工行万山市长征支行 2401500036459			备注	万山市自来水公司 915201025874621136 发票专用章		

收款人：金　娜　　复核：　　开票人：　　销售方（章）：

第三联　发票联　购买方记账凭证

6-20

万山市沙河铸造厂董事会决议

经2017年11月21日董事会会议研究批准，同意将盈余公积共陆万元整转增资本。

董事长：刘明德

万山市沙河铸造厂（章）

2017年11月21日

（印章：万山市沙河铸造厂 财务专用章）

6-21-1

中国工商银行进账单（收账通知）

2017年11月24日　　　　第107号

付款人	全称	万山市西南电机厂	收款人	全称	万山市沙河铸造厂
	账号	130407060254367		账号	3502500045678
	开户银行	湘雅支行		开户银行	鹿冲关路支行

人民币（大写）	贰拾万零柒拾元整	千	百	十	万	千	百	十	元	角	分
			¥	2	0	0	0	7	0	0	0

票据种类	转账支票	（印章：中国工商银行 万山市鹿冲关路支行 转讫）
票据张数	一张	
单位主管　会计　复核　记账		收款人开户行盖章

6-21-2

5200081329

贵州增值税专用发票

此联不做报销、扣税凭证使用

№ 01332268 5200081329 01332268

开票日期：2017年11月24日

购买方	名　称：万山市西南电机厂 纳税人识别号：915201020006742135 地址、电话：万山市沙河路769号 68037954 开户行及账号：工行万山市湘雅支行 130407060254367					密码区	4-5+7>21《83<53+6/2《8<13-5*97<24-7-18*3+625*23/65<28>4+76-9-86+5*517-7+533192>4	
货物或应税劳务、服务名称	规格型号	单位	数量	单价	金额	税率	税额	
25KW电机壳		台	1 000	171.00	171 000.00	17%	29 070.00	
合　计					¥171 000.00		¥29 070.00	
价税合计（大写）	⊗贰拾万零柒拾元整					（小写）¥200 070.00		
销售方	名　称：万山市沙河铸造厂 纳税人识别号：915201025622137821 地址、电话：万山市云岩区鹿冲关路866号 69026699 开户行及账号：工行万山市鹿冲关路支行 3502500045678					备注	万山市沙河铸造厂 915201025622137821 发票专用章	

收款人：李娜印　复核：张林　开票人：李明　销售方（章）：

第一联 记账联 销售方记账凭证

6-22

万山市沙河铸造厂厂长会议决议

因万山市废品公司倒闭，经2017年11月26日厂长会议研究批准，同意转销原欠万山市废品公司货款共叁佰玖拾元整。

厂长：刘明德

万山市沙河铸造厂（章）

2017年11月26日

（万山市沙河铸造厂 财务专用章）

6-23-1

中国工商银行
转账支票存根（万）

BX/02 03947608

附加信息

出票日期：**2017年11月27日**

收款人：	**万山市市南供电局**
金　额：	**¥3 159.00**
用　途：	**支付电费**

单位主管：刘明德　　　会计：赵光年

6-23-2

5200081141　　　　**贵州增值税专用发票**　　　　№ 01357836　5200081141 01357836

全国统一发票监制章 贵州 国家税务总局监

发票联

开票日期：**2017年11月27日**

购买方	名　　称：**万山市沙河铸造厂** 纳税人识别号：**915201025622137821** 地 址、电 话：**万山市云岩区鹿冲关路866号 69026699** 开户行及账号：**工行万山市鹿冲关路支行 3502500045678**				密码区	5-87 / 3*27 + 53<43 + 1<75 / 46-2 《815-4>2《73/19-2573<9-2*6+8 <7*46-9-86+5*517-7+533192>4	
货物或应税劳务、服务名称	规格型号	单　位	数　量	单　价	金　额	税　率	税　额
生产用电费		**KW·h**	**2 875**	**0.80**	**2 300.00**	**17%**	**391.00**
照明用电费		**KW·h**	**800**	**0.50**	**400.00**	**17%**	**68.00**
合　计					**¥2 700.00**		**¥459.00**
价税合计（大写）	⊗**叁仟壹佰伍拾玖元整**					（小写）	**¥3 159.00**
销售方	名　　称：**万山市市南供电局** 纳税人识别号：**915201023877603595** 地 址、电 话：**万山市平安路170号 54225177** 开户行及账号：**工行万山市南区支行 2401500068712**				备注	万山市市南供电局 915201023877603595 发票专用章	

收款人：李佳能　　　复核：　　　开票人：　　　销售方（章）：

第三联 发票联 购买方记账凭证

6-23-3

电 费 分 配 表

2017年11月27日

使用部门	用电度数	单 价	分配金额
生产车间	2 875	0.80	2 300.00
管理部门	800	0.50	400.00
合 计			2 700.00

会计主管 赵光年　　稽核 李 云　　制单人 秦 丽

6-24-1

5200081329

贵州增值税专用发票

此联不做报销、扣税凭证使用

№ 01332269　5200081329 01332269

开票日期：2017年11月29日

购买方	名　　称：万山市永动电机厂 纳税人识别号：915201025731246570 地 址、电 话：万山市第三大街10号 65073721 开户行及账号：工行万山市油榨支行 13200034579351				密码区	4-5+7>21《83<53+6/2《8<13- 5*97<24-7-18*3+625*23/65<28 >4+76-9-86+5*517-7+533192>4	
货物或应税劳务、服务名称	规格型号	单位	数量	单价	金额	税率	税额
40KW电机壳		台	900	198.00	178 200.00	17%	30 294.00
合 计					¥178 200.00		¥30 294.00
价税合计（大写）	⊗贰拾万零捌仟肆佰玖拾肆元整					（小写）¥208 494.00	
销售方	名　　称：万山市沙河铸造厂 纳税人识别号：915201025622137821 地 址、电 话：万山市云岩区鹿冲关路866号 69026699 开户行及账号：工行万山市鹿冲关路支行 3502500045678				备注	万山市沙河铸造厂 915201025622137821 发票专用章	

第一联 记账联 销售方记账凭证

收款人：李娜印　　复核：张 林　　开票人：李 明　　销售方（章）

6-24-2

中国工商银行进账单（收账通知）

2017年11月24日　　　　第108号

付款人	全称	万山市永动电机厂	收款人	全称	万山市沙河铸造厂
	账号	1320034579351		账号	3502500045678
	开户银行	油榨支行		开户银行	鹿冲关路支行
人民币（大写）	贰拾万零捌仟肆佰玖拾肆元整			千 百 十 万 千 百 十 元 角 分	¥ 2 0 8 4 9 4 0 0
票据种类	转账支票				
票据张数	一张				
单位主管　会计　复核　记账			中国工商银行 万山市鹿冲关路支行 转讫	收款人开户行盖章	

6-25

万山市沙河铸造厂

工资费用分配表

2017年11月30日

分配对象		分配标准（工时）	分配率	分配额
生产成本	25KW电机壳	4 800	5	24 000.00
	40KW电机壳	6 000	5	30 000.00
	小　计	10 800	5	54 000.00
制造费用				3 500.00
管理费用				23 000.00
合　计				80 500.00

复核：秦丽　　　　制表：刘钢

6-26-1

5200081151

贵州增值税普通发票

发票联

№ 01513521 5200081151
01513521

开票日期：2017年11月30日

购买方	名　　称：万山市沙河铸造厂 纳税人识别号：915201025622137821 地 址、电 话：万山市云岩区鹿冲关路866号 69026699 开户行及账号：工行万山市鹿冲关路支行 3502500045678				密码区	47/2-63*1+87<95<3+62/74+18 《57-21>9/32《6-175<2-67*1+ 4<6*96-9-86+5*517-7+533192>4	
货物或应税劳务、服务名称	规格型号	单位	数量	单价	金额	税率	税额
浓缩刺梨饮品		升	370.48	26.00	9 632.48	17%	1 637.52
合　计					¥9 632.48		¥1 637.52
价税合计（大写）	⊗壹万壹仟贰佰柒拾元整					（小写）¥11 270.00	
销售方	名　　称：万山市山野绿色食品公司 纳税人识别号：915201026628751563 地 址、电 话：万山市开发区路128号 69037822 开户行及账号：工行万山市开发区支行 3502500033857				备注	万山市山野绿色食品公司 915201026628751563 发票专用章	

收款人：黄文娟　　复核：　　开票人：李　霞　　销售方（章）：

第二联 发票联 购买方记账凭证

6-26-2

中国工商银行
转账支票存根（万）

BX/02 03947609

附加信息

出票日期：2017年11月30日

收款人：	万山市山野绿色食品公司
金　额：	¥11 270.00
用　途：	浓缩刺梨饮品

单位主管：刘明德　　会计：赵光年

6-26-3

万山市沙河铸造厂

福利用品发放清册

品名：浓缩利梨饮品　　2017年11月30日　　编号：038

领用部门	发放数量（升）	单价	金额（元）	领用人
25KW电机壳生产工人	110.45	30.42	3 360.00	王祥伟
40KW电机壳生产工人	138.07	30.42	4 200.00	赵欢欢
车间管理人员	16.11	30.42	490.00	徐冠平
厂部管理人员	105.85	30.42	3 220.00	李桐花
合　计	370.48	30.42	11 270.00	

会计主管：赵光年　　审核：赵光年　　制表：刘　钢

6-27

万山市沙河铸造厂

固定资产折旧计算表

2017年11月30日

使用单位	固定资产类别	固定资产原值	月折旧率（%）	月折旧额
车间	房　屋	600 000.00	0.2	1 200.00
	机械设备	200 000.00	0.4	800.00
	小　计	800 000.00		2 000.00
企业管理部门	房　屋	1 300 000.00	0.156	2 028.00
	机械设备	160 000.00	0.295	472.00
	小　计	1 460 000.00		2 500.00
合　计		2 260 000.00		4 500.00

复核：秦　丽　　制表：刘　钢

6-28

万山市沙河铸造厂

费　用　计　提　表

2017年11月30日

费用项目	计提依据	计提金额（元）
短期借款利息	$150\ 000 \times 4.5\% \times \frac{1}{12}$	562.50
合　计		562.50

主管：赵光年　　审核：秦　丽　　制表：刘　钢

6-29

万山市沙河铸造厂

制造费用分配表

2017年11月30日

分配对象（产品名称）	分配标准（生产工人工资）	分配率	分配额
25KW电机壳	24 000.00	0.17	4 080.00
40KW电机壳	30 000.00	0.17	5 100.00
合　计	54 000.00	0.17	9 180.00

复核：秦　丽　　　　制表：刘　钢

6-30-1

万山市沙河铸造厂

产品成本计算单

2017年11月30日

单位：元

成本项目	25KW电机壳（1 000台）		40KW电机壳（1 000台）		总成本合计
	总成本	单位成本	总成本	单位成本	
直接材料	50 990.00	50.99	56 330.00	56.33	107 320.00
直接人工	27 360.00	27.36	34 200.00	34.20	61 560.00
制造费用	4 080.00	4.08	5 100.00	5.10	9 180.00
合　计	82 430.00	82.43	95 630.00	95.63	178 060.00

复核：秦　丽　　　　制表：刘　钢

6-30-2

万山市沙河铸造厂

产成品交库单

生产部门：铸造车间　　2017年11月30日　　第00156号

工　号	铸件名称	规　格	单　位	单　价	数　量	总　价
	25KW电机壳		台	82.43	1 000	82 430.00
	40KW电机壳		台	95.63	1 000	95 630.00
备注				检验人 李　川		入库人 张　丽

第四联　送财会部门

会计：赵光年　　复核：秦　丽　　记账：　　制单：刘　钢

6-31

万山市沙河铸造厂

产品出库单

2017年11月30日　　　　编号：196

类别及编号	名称及规格	计量单位	数　量	单位成本	总成本	备　注
	25KW电机壳	台	1 000	82.43	82 430.00	
	40KW电机壳	台	900	95.63	86 067.00	
合　计					168 497.00	

第二联　记账联

记账：　　保管：　　复核：秦　丽　　制单：刘　钢

6-32

万山市沙河铸造厂

应交税费计算表

2017年11月30日

税　目	增值税			消费税	计税（费）额	税（费）率（%）	应缴税（费）额
	进项税额	销项税额	应交税额				
城市维护建设税	27 714.98	59 364.00	31 649.02		31 649.02	7%	2 215.43
教育费附加	27 714.98	59 364.00	31 649.02		31 649.02	3%	949.47
合　计							3 164.90

主管：赵光年　　审核：秦　丽　　制表：刘　钢

6-35

万山市沙河铸造厂

企业所得税计算表

2017年11月30日

利润总额	应税所得	税　率	应纳税款
140 228.10	140 228.10	25%	35 057.03

复核：秦　丽　　制表：刘　钢

6-36-3

中华人民共和国

税收完税凭证

国

（2017）黔国证 01736926

填发日期：2017年11月30日　　税务机关：万山市和平区国家税务局

纳税人识别号	915201025622137821			纳税人名称	万山市沙河铸造厂
原凭证号	税种	品目名称	税款所属时期	入（退）库日期	实缴（退）金额
	增值税	工业生产	2017年11月1日至30日		31 649.02
金额合计（大写）叁万壹仟伍佰肆拾玖元肆角贰分					
税务机关（盖章）	填票人 吴珊珊	备注			

第一联（收据）交纳税人作完税证明

妥善保管、手写无效

6-36-4

中华人民共和国

税收完税凭证

国

（2017）黔国证 01736927

填发日期：2017年11月30日　　税务机关：万山市和平区国家税务局

纳税人识别号	915201025622137821			纳税人名称	万山市沙河铸造厂
原凭证号	税种	品目名称	税款所属时期	入（退）库日期	实缴（退）金额
	所得税	工业生产	2017年11月1日至30日		35 057.03
金额合计（大写）叁万伍仟零伍拾玖元伍角贰分					
税务机关（盖章）	填票人 吴珊珊	备注			

第一联（收据）交纳税人作完税证明

妥善保管、手写无效

第三部分 模拟实验材料

收 款 凭 证

借方科目：　　　　年　月　日　　　　____字 第____号

摘　要	贷方科目		金　额											记账符号
	总账科目	明细科目	亿	千	百	十	万	千	百	十	元	角	分	
合计金额														

附原始凭证　张

会计主管　　记账　　稽核　　出纳　　制单

收 款 凭 证

借方科目：　　　　年　月　日　　　　____字 第____号

摘　要	贷方科目		金　额											记账符号
	总账科目	明细科目	亿	千	百	十	万	千	百	十	元	角	分	
合计金额														

附原始凭证　张

会计主管　　记账　　稽核　　出纳　　制单

收款凭证

借方科目：　　　　年　月　日　　　　____字第____号

摘要	贷方科目		金额											记账符号
	总账科目	明细科目	亿	千	百	十	万	千	百	十	元	角	分	
合计金额														

附原始凭证　张

会计主管　　记账　　稽核　　出纳　　制单

收款凭证

借方科目：　　　　年　月　日　　　　____字第____号

摘要	贷方科目		金额											记账符号
	总账科目	明细科目	亿	千	百	十	万	千	百	十	元	角	分	
合计金额														

附原始凭证　张

会计主管　　记账　　稽核　　出纳　　制单

收款凭证

借方科目：　　　　　　年　月　日　　　　　　____字 第____号

摘要	贷方科目		金额											记账符号
	总账科目	明细科目	亿	千	百	十	万	千	百	十	元	角	分	
合计金额														

附原始凭证　张

会计主管　　记账　　稽核　　出纳　　制单

收款凭证

借方科目：　　　　　　年　月　日　　　　　　____字 第____号

摘要	贷方科目		金额											记账符号
	总账科目	明细科目	亿	千	百	十	万	千	百	十	元	角	分	
合计金额														

附原始凭证　张

会计主管　　记账　　稽核　　出纳　　制单

付 款 凭 证

贷方科目：　　　　　　　　年　　月　　日　　　　　　　　____字 第____号

摘要	借方科目		金额											记账符号
	总账科目	明细科目	亿	千	百	十	万	千	百	十	元	角	分	
合计金额														

附原始凭证　　张

会计主管　　记账　　稽核　　出纳　　制单

付 款 凭 证

贷方科目：　　　　　　　　年　　月　　日　　　　　　　　____字 第____号

摘要	借方科目		金额											记账符号
	总账科目	明细科目	亿	千	百	十	万	千	百	十	元	角	分	
合计金额														

附原始凭证　　张

会计主管　　记账　　稽核　　出纳　　制单

付　款　凭　证

贷方科目：　　　　年　月　日　　　　____字 第____号

摘　要	借方科目		金　额											记账符号
	总账科目	明细科目	亿	千	百	十	万	千	百	十	元	角	分	
合计金额														

附原始凭证　　张

会计主管　　记账　　稽核　　出纳　　制单

付　款　凭　证

贷方科目：　　　　年　月　日　　　　____字 第____号

摘　要	借方科目		金　额											记账符号
	总账科目	明细科目	亿	千	百	十	万	千	百	十	元	角	分	
合计金额														

附原始凭证　　张

会计主管　　记账　　稽核　　出纳　　制单

付 款 凭 证

贷方科目：　　　　　　　　年　　月　　日　　　　　　　____字 第____号

摘　　要	借方科目		金　　额											记账符号
	总账科目	明细科目	亿	千	百	十	万	千	百	十	元	角	分	
合 计 金 额														

附原始凭证　　张

会计主管　　　　记账　　　　稽核　　　　出纳　　　　制单

付 款 凭 证

贷方科目：　　　　　　　　年　　月　　日　　　　　　　____字 第____号

摘　　要	借方科目		金　　额											记账符号
	总账科目	明细科目	亿	千	百	十	万	千	百	十	元	角	分	
合 计 金 额														

附原始凭证　　张

会计主管　　　　记账　　　　稽核　　　　出纳　　　　制单

付 款 凭 证

贷方科目：　　　　年　月　日　　　　____字 第____号

摘 要	借方科目		金额											记账符号
	总账科目	明细科目	亿	千	百	十	万	千	百	十	元	角	分	
合计金额														

附原始凭证　　张

会计主管　　记账　　稽核　　出纳　　制单

付 款 凭 证

贷方科目：　　　　年　月　日　　　　____字 第____号

摘 要	借方科目		金额											记账符号
	总账科目	明细科目	亿	千	百	十	万	千	百	十	元	角	分	
合计金额														

附原始凭证　　张

会计主管　　记账　　稽核　　出纳　　制单

付款凭证

贷方科目：　　　　　　　　　　年　　月　　日　　　　　　　　　　____字第____号

摘要	借方科目		金额											记账符号
	总账科目	明细科目	亿	千	百	十	万	千	百	十	元	角	分	
合计金额														

附原始凭证　　张

会计主管　　　　记账　　　　稽核　　　　出纳　　　　制单

付款凭证

贷方科目：　　　　　　　　　　年　　月　　日　　　　　　　　　　____字第____号

摘要	借方科目		金额											记账符号
	总账科目	明细科目	亿	千	百	十	万	千	百	十	元	角	分	
合计金额														

附原始凭证　　张

会计主管　　　　记账　　　　稽核　　　　出纳　　　　制单

付 款 凭 证

贷方科目：　　　　　　年　　月　　日　　　　　　____字 第____号

摘　要	借方科目		金额											记账符号
	总账科目	明细科目	亿	千	百	十	万	千	百	十	元	角	分	
合 计 金 额														

附原始凭证　　张

会计主管　　　记账　　　稽核　　　出纳　　　制单

付 款 凭 证

贷方科目：　　　　　　年　　月　　日　　　　　　____字 第____号

摘　要	借方科目		金额											记账符号
	总账科目	明细科目	亿	千	百	十	万	千	百	十	元	角	分	
合 计 金 额														

附原始凭证　　张

会计主管　　　记账　　　稽核　　　出纳　　　制单

付款凭证

贷方科目：　　　　年　月　日　　　　____字 第____号

摘要	借方科目		金额											记账符号
	总账科目	明细科目	亿	千	百	十	万	千	百	十	元	角	分	
合计金额														

附原始凭证　　张

会计主管　　记账　　稽核　　出纳　　制单

付款凭证

贷方科目：　　　　年　月　日　　　　____字 第____号

摘要	借方科目		金额											记账符号
	总账科目	明细科目	亿	千	百	十	万	千	百	十	元	角	分	
合计金额														

附原始凭证　　张

会计主管　　记账　　稽核　　出纳　　制单

转 账 凭 证

年 月 日　　　　____字 第____号

摘要	总账科目	明细科目	借方金额											贷方金额											记账符号
			亿	千	百	十	万	千	百	十	元	角	分	亿	千	百	十	万	千	百	十	元	角	分	
合计																									

附原始凭证　张

会计主管　　记账　　稽核　　制单

转 账 凭 证

年 月 日　　　　____字 第____号

摘要	总账科目	明细科目	借方金额											贷方金额											记账符号
			亿	千	百	十	万	千	百	十	元	角	分	亿	千	百	十	万	千	百	十	元	角	分	
合计																									

附原始凭证　张

会计主管　　记账　　稽核　　制单

转 账 凭 证

年 月 日 ____字 第____号

摘要	总账科目	明细科目	借方金额											贷方金额											记账符号
			亿	千	百	十	万	千	百	十	元	角	分	亿	千	百	十	万	千	百	十	元	角	分	
合计																									

附原始凭证 张

会计主管 记账 稽核 制单

转 账 凭 证

年 月 日 ____字 第____号

摘要	总账科目	明细科目	借方金额											贷方金额											记账符号
			亿	千	百	十	万	千	百	十	元	角	分	亿	千	百	十	万	千	百	十	元	角	分	
合计																									

附原始凭证 张

会计主管 记账 稽核 制单

转账凭证

年　月　日　　　　____字 第____号

摘要	总账科目	明细科目	借方金额											贷方金额											记账符号
			亿	千	百	十	万	千	百	十	元	角	分	亿	千	百	十	万	千	百	十	元	角	分	
合计																									

附原始凭证　张

会计主管　　记账　　稽核　　制单

转账凭证

年　月　日　　　　____字 第____号

摘要	总账科目	明细科目	借方金额											贷方金额											记账符号
			亿	千	百	十	万	千	百	十	元	角	分	亿	千	百	十	万	千	百	十	元	角	分	
合计																									

附原始凭证　张

会计主管　　记账　　稽核　　制单

转账凭证

年　月　日　　　　____字第____号

摘要	总账科目	明细科目	借方金额											贷方金额											记账符号
			亿	千	百	十	万	千	百	十	元	角	分	亿	千	百	十	万	千	百	十	元	角	分	
合计																									

附原始凭证　张

会计主管　　记账　　稽核　　制单

转账凭证

年　月　日　　　　____字第____号

摘要	总账科目	明细科目	借方金额											贷方金额											记账符号
			亿	千	百	十	万	千	百	十	元	角	分	亿	千	百	十	万	千	百	十	元	角	分	
合计																									

附原始凭证　张

会计主管　　记账　　稽核　　制单

转　账　凭　证

年　　月　　日　　　　　　　　＿＿字 第＿＿号

摘　　要	总账科目	明细科目	借方金额											贷方金额											记账符号
			亿	千	百	十	万	千	百	十	元	角	分	亿	千	百	十	万	千	百	十	元	角	分	
合　计																									

附原始凭证　　张

会计主管　　　　记账　　　　稽核　　　　制单

转　账　凭　证

年　　月　　日　　　　　　　　＿＿字 第＿＿号

摘　　要	总账科目	明细科目	借方金额											贷方金额											记账符号
			亿	千	百	十	万	千	百	十	元	角	分	亿	千	百	十	万	千	百	十	元	角	分	
合　计																									

附原始凭证　　张

会计主管　　　　记账　　　　稽核　　　　制单

转　账　凭　证

年　　月　　日　　　　　　　　　　　　____字 第____号

摘　要	总账科目	明细科目	借方金额											贷方金额											记账符号
			亿	千	百	十	万	千	百	十	元	角	分	亿	千	百	十	万	千	百	十	元	角	分	
合　计																									

附原始凭证　　张

会计主管　　　　记账　　　　稽核　　　　制单

转　账　凭　证

年　　月　　日　　　　　　　　　　　　____字 第____号

摘　要	总账科目	明细科目	借方金额											贷方金额											记账符号
			亿	千	百	十	万	千	百	十	元	角	分	亿	千	百	十	万	千	百	十	元	角	分	
合　计																									

附原始凭证　　张

会计主管　　　　记账　　　　稽核　　　　制单

转 账 凭 证

年 月 日　　　　____字 第____号

摘要	总账科目	明细科目	借方金额											贷方金额											记账符号
			亿	千	百	十	万	千	百	十	元	角	分	亿	千	百	十	万	千	百	十	元	角	分	
合计																									

附原始凭证　张

会计主管　　记账　　稽核　　制单

转 账 凭 证

年 月 日　　　　____字 第____号

摘要	总账科目	明细科目	借方金额											贷方金额											记账符号
			亿	千	百	十	万	千	百	十	元	角	分	亿	千	百	十	万	千	百	十	元	角	分	
合计																									

附原始凭证　张

会计主管　　记账　　稽核　　制单

转 账 凭 证

年 月 日　　　　____字 第____号

摘要	总账科目	明细科目	借方金额											贷方金额											记账符号
			亿	千	百	十	万	千	百	十	元	角	分	亿	千	百	十	万	千	百	十	元	角	分	
合计																									

附原始凭证　　张

会计主管　　记账　　稽核　　制单

转 账 凭 证

年 月 日　　　　____字 第____号

摘要	总账科目	明细科目	借方金额											贷方金额											记账符号
			亿	千	百	十	万	千	百	十	元	角	分	亿	千	百	十	万	千	百	十	元	角	分	
合计																									

附原始凭证　　张

会计主管　　记账　　稽核　　制单

转 账 凭 证

年　月　日　　　　____字 第____号

摘　要	总账科目	明细科目	借方金额											贷方金额											记账符号
			亿	千	百	十	万	千	百	十	元	角	分	亿	千	百	十	万	千	百	十	元	角	分	
合　计																									

附原始凭证　张

会计主管　　记账　　稽核　　制单

转 账 凭 证

年　月　日　　　　____字 第____号

摘　要	总账科目	明细科目	借方金额											贷方金额											记账符号
			亿	千	百	十	万	千	百	十	元	角	分	亿	千	百	十	万	千	百	十	元	角	分	
合　计																									

附原始凭证　张

会计主管　　记账　　稽核　　制单

转账凭证

年　月　日　　　　____字第____号

摘要	总账科目	明细科目	借方金额											贷方金额											记账符号
			亿	千	百	十	万	千	百	十	元	角	分	亿	千	百	十	万	千	百	十	元	角	分	
合计																									

附原始凭证　张

会计主管　　记账　　稽核　　制单

转账凭证

年　月　日　　　　____字第____号

摘要	总账科目	明细科目	借方金额											贷方金额											记账符号
			亿	千	百	十	万	千	百	十	元	角	分	亿	千	百	十	万	千	百	十	元	角	分	
合计																									

附原始凭证　张

会计主管　　记账　　稽核　　制单

转　账　凭　证

年　　月　　日　　　　　　　　____字　第____号

摘　要	总账科目	明细科目	借方金额											贷方金额											记账符号
			亿	千	百	十	万	千	百	十	元	角	分	亿	千	百	十	万	千	百	十	元	角	分	
合　计																									

附原始凭证　　张

会计主管　　　　记账　　　　稽核　　　　制单

转　账　凭　证

年　　月　　日　　　　　　　　____字　第____号

摘　要	总账科目	明细科目	借方金额											贷方金额											记账符号
			亿	千	百	十	万	千	百	十	元	角	分	亿	千	百	十	万	千	百	十	元	角	分	
合　计																									

附原始凭证　　张

会计主管　　　　记账　　　　稽核　　　　制单

库存现金日记账

年		凭证		摘要	对应科目	借方													核对号	贷方													核对号	借或贷	余额												
月	日	字	号			百	十	亿	千	百	十	万	千	百	十	元	角	分		百	十	亿	千	百	十	万	千	百	十	元	角	分			百	十	亿	千	百	十	万	千	百	十	元	角	分

库存现金日记账

年		凭证		摘要	对应科目	借方													核对号	贷方													核对号	借或贷	余额												
月	日	字	号			百	十	亿	千	百	十	万	千	百	十	元	角	分		百	十	亿	千	百	十	万	千	百	十	元	角	分			百	十	亿	千	百	十	万	千	百	十	元	角	分

银行存款日记账

年		凭证		结算方式					摘要	对应科目	借方												核对号	贷方												核对号	借或贷	余额											
月	日	字	号	支票号码	付委	汇款	托收	其他			百	十	亿	千	百	十	万	千	百	十	元	角	分		百	十	亿	千	百	十	万	千	百	十	元	角	分			百	十	亿	千	百	十	万	千	百	十	元	角	分

银行存款日记账

年		凭证		结算方式					摘要	对应科目	借方													核对号	贷方													核对号	借或贷	余额												
月	日	字	号	支票号码	付委	汇款	托收	其他			百	十	亿	千	百	十	万	千	百	十	元	角	分		百	十	亿	千	百	十	万	千	百	十	元	角	分			百	十	亿	千	百	十	万	千	百	十	元	角	分

明细账

一级科目______　　总页______ 分页______

类别______ 编号______

规格______ 名称______

二级或明细科目______　　计量单位______ 计划单价______ 存放地点______

年		凭证		摘要	借(进仓)方													贷(出仓)方													余额												
					数量	单价	金额											数量	单价	金额											数量	单价	金额										
月	日	类字	号数				亿	千	百	十	万	千	百	十	元	角	分			亿	千	百	十	万	千	百	十	元	角	分			亿	千	百	十	万	千	百	十	元	角	分

明细账

一级科目________　　　　总页________分页________

类别________编号________

规格________名称________

二级或明细科目________　　计量单位________计划单价________存放地点________

年		凭证		摘要	借(进仓)方													贷(出仓)方													余额												
月	日	类字	号数		数量	单价	金额											数量	单价	金额											数量	单价	金额										
							亿	千	百	十	万	千	百	十	元	角	分			亿	千	百	十	万	千	百	十	元	角	分			亿	千	百	十	万	千	百	十	元	角	分

明细账

一级科目________　　　　总页________ 分页________

类别________ 编号________

规格________ 名称________

二级或明细科目________　　计量单位________ 计划单价________ 存放地点________

年		凭证		摘要	借(进仓)方													贷(出仓)方													余额												
月	日	类字	号数		数量	单价	金额											数量	单价	金额											数量	单价	金额										
							亿	千	百	十	万	千	百	十	元	角	分			亿	千	百	十	万	千	百	十	元	角	分			亿	千	百	十	万	千	百	十	元	角	分

明细账

一级科目________

二级或明细科目________

总页________ 分页________

类别________ 编号________

规格________ 名称________

计量单位________ 计划单价________ 存放地点________

年		凭证		摘要	借(进仓)方													贷(出仓)方													余额												
					数量	单价	金额											数量	单价	金额											数量	单价	金额										
月	日	类字	号数				亿	千	百	十	万	千	百	十	元	角	分			亿	千	百	十	万	千	百	十	元	角	分			亿	千	百	十	万	千	百	十	元	角	分

明细账

一级科目______

二级或明细科目______

总页______分页______

类别______编号______

规格______名称______

计量单位______计划单价______存放地点______

年		凭证		摘要	借(进仓)方													贷(出仓)方													余额												
					数量	单价	金额											数量	单价	金额											数量	单价	金额										
月	日	类字	号数				亿	千	百	十	万	千	百	十	元	角	分			亿	千	百	十	万	千	百	十	元	角	分			亿	千	百	十	万	千	百	十	元	角	分

明细账

总页________ 分页________
类别________ 编号________
规格________ 名称________

一级科目________

二级或明细科目________ 计量单位________ 计划单价________ 存放地点________

年		凭证		摘要	借(进仓)方													贷(出仓)方													余额												
月	日	类字	号数		数量	单价	金额											数量	单价	金额											数量	单价	金额										
							亿	千	百	十	万	千	百	十	元	角	分			亿	千	百	十	万	千	百	十	元	角	分			亿	千	百	十	万	千	百	十	元	角	分

明细账

一级科目__________

二级或明细科目__________　　　　总页__________分页__________

年		凭证		摘要	借方																																			贷方									余额								
月	日	类字	号数		百	十	万	千	百	十	元	角	分	百	十	万	千	百	十	元	角	分	百	十	万	千	百	十	元	角	分	百	十	万	千	百	十	元	角	分	百	十	万	千	百	十	元	角	分	百	十	万	千	百	十	元	角	分

明细账

一级科目＿＿＿＿＿＿

二级或明细科目＿＿＿＿＿＿　　　　总页＿＿＿＿＿＿分页＿＿＿＿＿＿

年		凭证		摘要	借方																																				贷方									余额								
月	日	类字	号数		百	十	万	千	百	十	元	角	分	百	十	万	千	百	十	元	角	分	百	十	万	千	百	十	元	角	分	百	十	万	千	百	十	元	角	分	百	十	万	千	百	十	元	角	分	百	十	万	千	百	十	元	角	分

总分类账

会计科目________________　　　　　　　　　　　　　　　　　　　　　　　总第　　　页________分第________页

年		记账凭证		摘要	对应科目	借方													√	贷方													√	借或贷	余额												
月	日	类别	号数			百	十	亿	千	百	十	万	千	百	十	元	角	分		百	十	亿	千	百	十	万	千	百	十	元	角	分			百	十	亿	千	百	十	万	千	百	十	元	角	分

总分类账

会计科目________________　　　　　　　　　　　　　　　　　　　　　　　总第　　　页________分第________页

年		记账凭证		摘要	对应科目	借方													√	贷方													√	借或贷	余额												
月	日	类别	号数			百	十	亿	千	百	十	万	千	百	十	元	角	分		百	十	亿	千	百	十	万	千	百	十	元	角	分			百	十	亿	千	百	十	万	千	百	十	元	角	分

总分类账

会计科目__________ 总第 页______分第______页

年		记账凭证		摘要	对应科目	借方													√	贷方													√	借或贷	余额												
月	日	类别	号数			百	十	亿	千	百	十	万	千	百	十	元	角	分		百	十	亿	千	百	十	万	千	百	十	元	角	分			百	十	亿	千	百	十	万	千	百	十	元	角	分

总分类账

会计科目__________ 总第 页______分第______页

年		记账凭证		摘要	对应科目	借方													√	贷方													√	借或贷	余额												
月	日	类别	号数			百	十	亿	千	百	十	万	千	百	十	元	角	分		百	十	亿	千	百	十	万	千	百	十	元	角	分			百	十	亿	千	百	十	万	千	百	十	元	角	分

总 分 类 账

会计科目______________

总第　　页______分第______页

年		记账凭证		摘要	对应科目	借方													√	贷方													√	借或贷	余额												
月	日	类别	号数			百	十	亿	千	百	十	万	千	百	十	元	角	分		百	十	亿	千	百	十	万	千	百	十	元	角	分			百	十	亿	千	百	十	万	千	百	十	元	角	分

总 分 类 账

会计科目______________

总第　　页______分第______页

年		记账凭证		摘要	对应科目	借方													√	贷方													√	借或贷	余额												
月	日	类别	号数			百	十	亿	千	百	十	万	千	百	十	元	角	分		百	十	亿	千	百	十	万	千	百	十	元	角	分			百	十	亿	千	百	十	万	千	百	十	元	角	分

总分类账

会计科目________ 总第　页____分第____页

年		记账凭证		摘要	对应科目	借方													√	贷方													√	借或贷	余额												
月	日	类别	号数			百	十	亿	千	百	十	万	千	百	十	元	角	分		百	十	亿	千	百	十	万	千	百	十	元	角	分			百	十	亿	千	百	十	万	千	百	十	元	角	分

总分类账

会计科目________ 总第　页____分第____页

年		记账凭证		摘要	对应科目	借方													√	贷方													√	借或贷	余额												
月	日	类别	号数			百	十	亿	千	百	十	万	千	百	十	元	角	分		百	十	亿	千	百	十	万	千	百	十	元	角	分			百	十	亿	千	百	十	万	千	百	十	元	角	分

总　分　类　账

会计科目______________　　　　　　　　　　　　　　　　　　总第　　页______分第______页

年		记账凭证		摘要	对应科目	借方													√	贷方													√	借或贷	余额												
月	日	类别	号数			百	十	亿	千	百	十	万	千	百	十	元	角	分		百	十	亿	千	百	十	万	千	百	十	元	角	分			百	十	亿	千	百	十	万	千	百	十	元	角	分

总　分　类　账

会计科目______________　　　　　　　　　　　　　　　　　　总第　　页______分第______页

年		记账凭证		摘要	对应科目	借方													√	贷方													√	借或贷	余额												
月	日	类别	号数			百	十	亿	千	百	十	万	千	百	十	元	角	分		百	十	亿	千	百	十	万	千	百	十	元	角	分			百	十	亿	千	百	十	万	千	百	十	元	角	分

总 分 类 账

会计科目________________　　　　　　　　　　　　　　　　　　　总第　　页________分第________页

年		记账凭证		摘要	对应科目	借方													√	贷方													√	借或贷	余额												
月	日	类别	号数			百	十	亿	千	百	十	万	千	百	十	元	角	分		百	十	亿	千	百	十	万	千	百	十	元	角	分			百	十	亿	千	百	十	万	千	百	十	元	角	分

总 分 类 账

会计科目________________　　　　　　　　　　　　　　　　　　　总第　　页________分第________页

年		记账凭证		摘要	对应科目	借方													√	贷方													√	借或贷	余额												
月	日	类别	号数			百	十	亿	千	百	十	万	千	百	十	元	角	分		百	十	亿	千	百	十	万	千	百	十	元	角	分			百	十	亿	千	百	十	万	千	百	十	元	角	分

总分类账

会计科目________________　　　　　　　　　　　　　　　　总第　　页________分第________页

年		记账凭证		摘要	对应科目	借方													√	贷方													√	借或贷	余额												
月	日	类别	号数			百	十	亿	千	百	十	万	千	百	十	元	角	分		百	十	亿	千	百	十	万	千	百	十	元	角	分			百	十	亿	千	百	十	万	千	百	十	元	角	分

总分类账

会计科目________________　　　　　　　　　　　　　　　　总第　　页________分第________页

年		记账凭证		摘要	对应科目	借方													√	贷方													√	借或贷	余额												
月	日	类别	号数			百	十	亿	千	百	十	万	千	百	十	元	角	分		百	十	亿	千	百	十	万	千	百	十	元	角	分			百	十	亿	千	百	十	万	千	百	十	元	角	分

总 分 类 账

会计科目________ 总第 页____分第____页

年		记账凭证		摘要	对应科目	借方													√	贷方													√	借或贷	余额												
月	日	类别	号数			百	十	亿	千	百	十	万	千	百	十	元	角	分		百	十	亿	千	百	十	万	千	百	十	元	角	分			百	十	亿	千	百	十	万	千	百	十	元	角	分

总 分 类 账

会计科目________ 总第 页____分第____页

年		记账凭证		摘要	对应科目	借方													√	贷方													√	借或贷	余额												
月	日	类别	号数			百	十	亿	千	百	十	万	千	百	十	元	角	分		百	十	亿	千	百	十	万	千	百	十	元	角	分			百	十	亿	千	百	十	万	千	百	十	元	角	分

总 分 类 账

会计科目________

总第　　页______分第______页

年		记账凭证		摘要	对应科目	借方													√	贷方													√	借或贷	余额												
月	日	类别	号数			百	十	亿	千	百	十	万	千	百	十	元	角	分		百	十	亿	千	百	十	万	千	百	十	元	角	分			百	十	亿	千	百	十	万	千	百	十	元	角	分

总 分 类 账

会计科目________

总第　　页______分第______页

年		记账凭证		摘要	对应科目	借方													√	贷方													√	借或贷	余额												
月	日	类别	号数			百	十	亿	千	百	十	万	千	百	十	元	角	分		百	十	亿	千	百	十	万	千	百	十	元	角	分			百	十	亿	千	百	十	万	千	百	十	元	角	分

总 分 类 账

会计科目______________ 总第　　页______分第______页

年		记账凭证		摘要	对应科目	借方													√	贷方													√	借或贷	余额												
月	日	类别	号数			百	十	亿	千	百	十	万	千	百	十	元	角	分		百	十	亿	千	百	十	万	千	百	十	元	角	分			百	十	亿	千	百	十	万	千	百	十	元	角	分

总 分 类 账

会计科目______________ 总第　　页______分第______页

年		记账凭证		摘要	对应科目	借方													√	贷方													√	借或贷	余额												
月	日	类别	号数			百	十	亿	千	百	十	万	千	百	十	元	角	分		百	十	亿	千	百	十	万	千	百	十	元	角	分			百	十	亿	千	百	十	万	千	百	十	元	角	分

总 分 类 账

会计科目________________ 总第 页________分第________页

年		记账凭证		摘要	对应科目	借方													√	贷方													√	借或贷	余额												
月	日	类别	号数			百	十	亿	千	百	十	万	千	百	十	元	角	分		百	十	亿	千	百	十	万	千	百	十	元	角	分			百	十	亿	千	百	十	万	千	百	十	元	角	分

总 分 类 账

会计科目________________ 总第 页________分第________页

年		记账凭证		摘要	对应科目	借方													√	贷方													√	借或贷	余额												
月	日	类别	号数			百	十	亿	千	百	十	万	千	百	十	元	角	分		百	十	亿	千	百	十	万	千	百	十	元	角	分			百	十	亿	千	百	十	万	千	百	十	元	角	分

总　分　类　账

会计科目________　　　　　　　　　　　　　　　　　　　　总第　　页______分第______页

年		记账凭证		摘要	对应科目	借方													√	贷方													√	借或贷	余额												
月	日	类别	号数			百	十	亿	千	百	十	万	千	百	十	元	角	分		百	十	亿	千	百	十	万	千	百	十	元	角	分			百	十	亿	千	百	十	万	千	百	十	元	角	分

总　分　类　账

会计科目________　　　　　　　　　　　　　　　　　　　　总第　　页______分第______页

年		记账凭证		摘要	对应科目	借方													√	贷方													√	借或贷	余额												
月	日	类别	号数			百	十	亿	千	百	十	万	千	百	十	元	角	分		百	十	亿	千	百	十	万	千	百	十	元	角	分			百	十	亿	千	百	十	万	千	百	十	元	角	分

总分类账

会计科目____________

总第　　页________分第________页

年		记账凭证		摘要	对应科目	借方													√	贷方													√	借或贷	余额												
月	日	类别	号数			百	十	亿	千	百	十	万	千	百	十	元	角	分		百	十	亿	千	百	十	万	千	百	十	元	角	分			百	十	亿	千	百	十	万	千	百	十	元	角	分

总分类账

会计科目____________

总第　　页________分第________页

年		记账凭证		摘要	对应科目	借方													√	贷方													√	借或贷	余额												
月	日	类别	号数			百	十	亿	千	百	十	万	千	百	十	元	角	分		百	十	亿	千	百	十	万	千	百	十	元	角	分			百	十	亿	千	百	十	万	千	百	十	元	角	分

总 分 类 账

会计科目________　　　　总第　　页______分第______页

年		记账凭证		摘要	对应科目	借方													√	贷方													√	借或贷	余额												
月	日	类别	号数			百	十	亿	千	百	十	万	千	百	十	元	角	分		百	十	亿	千	百	十	万	千	百	十	元	角	分			百	十	亿	千	百	十	万	千	百	十	元	角	分

总 分 类 账

会计科目________　　　　总第　　页______分第______页

年		记账凭证		摘要	对应科目	借方													√	贷方													√	借或贷	余额												
月	日	类别	号数			百	十	亿	千	百	十	万	千	百	十	元	角	分		百	十	亿	千	百	十	万	千	百	十	元	角	分			百	十	亿	千	百	十	万	千	百	十	元	角	分

科 目 汇 总 表

科汇字第　号

编制单位：　　　　　年　月　日至　日　　　　　单位：元

会计科目	行次	借方	贷方	会计科目	行次	借方	贷方
1001库存现金	1			承上页	43		
1002银行存款	2			2201应付票据	44		
1012其他货币资金	3			2202应付账款	45		
1101交易性金融资产	4			2203预收账款	46		
1121应收票据	5			2211应付职工薪酬	47		
1122应收账款	6			2221应交税费	48		
1123预付账款	7			2231应付利息	49		
1131应收投利	8			2232应付股利	50		
1132应收利息	9			2241其他应付款	51		
1221其他应收款	10			2501长期借款	52		
1231坏账准备	11			2502应付债券	53		
1401材料采购	12			2701长期应付款	54		
1402在途物资	13			2702未确认融资费用	55		
1403原材料	14			2711专项应付款	56		
1404材料成本差异	15			2801预计负债	57		
1405库存商品	16			2901递延所得税负债	58		
1408委托加工物资	17				59		
1411周转材料	18			4001实收资本	60		
1471存货跌价准备	19			4002资本公积	61		
1501持有至到期投资	20			4003其他综合收益	62		
1502持有至到期投资减值准备	21			4101盈余公积	63		
1503可供出售金融资产	22			4103本年利润	64		
1511长期股权投资	23			4104利润分配	65		
1512长期股权投资减值准备	24				66		
1531长期应付款	25			5001生产成本	67		
1601固定资产	26			5101制造费用	68		
1602累计折旧	27				69		
1603固定资产减值准备	28			6001主营业务收入	70		
1604在建工程	29			6501其他业务收入	71		
1605工程物资	30			6111投资收益	72		
1606固定资产清理	31			6301营业外收入	73		
1701无形资产	32			6401主营业务成本	74		
1702累计推销	33			6402其他业务成本	75		
1703无形资产减值准备	34			6403税金及附加	76		
1711商誉	35			6601销售费用	77		
1801长期待摊费用	36			6602管理费用	78		
1811递延所得税资产	37			6603财务费用	79		
1901待处理财产损溢	38			6701资产减值损失	80		
	39			6711营业外支出	81		
2001短期借款	40			6801所得税费用	82		
2101交易性金融负债	41			6901以前年度损益调整	83		
合计　转下页	42			合计	84		

会计主管：　　　　记账：　　　　复核：　　　　制表：

明细分类账户本期发生额及余额明细表

编制单位： 年 月 日 实物计量单位：

会计科目		期初余额			本期发生额						期末余额		
					收入			发出					
		数量	单价	金额	数量	单价	金额	数量	单价	金额	数量	单价	金额
明细科目													
	合计												
总账科目													

会计主管： 记账： 复核： 制表：

明细分类账户本期发生额及余额明细表

编制单位： 年 月 日 实物计量单位：

会计科目		期初余额			本期发生额						期末余额		
					收入			发出					
		数量	单价	金额	数量	单价	金额	数量	单价	金额	数量	单价	金额
明细科目													
	合计												
总账科目													

会计主管： 记账： 复核： 制表：

明细分类账户本期发生额及余额明细表

编制单位： 年 月 日

会计科目		期初余额		本期发生额		期末余额	
		借方	贷方	借方	贷方	借方	贷方
明细科目							
	合计						
总账科目							

会计主管： 记账： 复核： 制表：

资产负债表

编制单位:　　　　　　　　　　年　月　日　　　　　　　　　　单位：元

资　产	期末余额	年初余额	负债和所有者权益	期末余额	年初余额
流动资产：			流动负债：		
货币资金			短期借款		
以公允价值计量且其变动计入当期损益的金融资产			以公允价值计量且其变动计入当期损益的金融负债		
应收票据			应付票据		
应收账款			应付账款		
预付款项			预收款项		
应收利息			应付职工薪酬		
应收股利			应交税费		
其他应收款			应付利息		
存货			应付股利		
持有待售资产			其他应付款		
一年内到期的非流动资产			持有待售负债		
其他流动资产			一年内到期的非流动负债		
流动资产合计			其他流动负债		
非流动资产：			流动负债合计		
可供出售金融资产			非流动负债：		
持有至到期投资			长期借款		
长期应收款			应付债券		
长期股权投资			长期应付款		
投资性房地产			预计负债		
固定资产			递延所得税负债		
在建工程			其他非流动负债		
工程物资			非流动负债合计		
固定资产清理			所有者权益：		
无形资产			实收资本		
商誉			资本公积		
长期待摊费用			其他综合收益		
递延所得税资产			盈余公积		
其他非流动资产			未分配利润		
非流动资产合计			所有者权益合计		
资产总计			负债和所有者权益总计		

利润表

编制单位：　　　　　　　　年　月　　　　　　　　单位：元

项目	本期金额	上期金额
一、营业收入		
减：营业成本		
税金及附加		
销售费用		
管理费用		
财务费用		
加：公允价值变动收益（损失以“-”号填列）		
投资收益（损失以“-”号填列）		
其中：对联营企业和合营企业的投资收益		
资产处置收益（损失以“-”号填列）		
其他收益		
二、营业利润（亏损以“-”号填列）		
加：营业外收入		
减：营业外支出		
三、利润总额（亏损总额以“-”号填列）		
减：所得税费用		
四、净利润（净亏损以“-”号填列）		
五、其他综合收益的税后净额		
六、综合收益总额		
七、每股收益		
（一）基本每股收益		
（二）稀释每股收益		

实验7　会计档案归档保管

第一部分　实验预备知识

一、会计档案的内容

会计档案是指会计凭证、会计账簿和财务报告等重要的会计核算专业资料。具体包括：

1.会计凭证类：原始凭证、记账凭证，其他会计凭证；

2.会计账簿类：总账、明细账、日记账、固定资产卡片、辅助账簿、其他会计账簿；

3.财务报告类：月度、季度、半年度、年度财务报告，包括会计报表、附表、附注及文字说明，以及其他财务报告；

4.其他类：银行存款余额调节表、银行对账单以及其他具有保存价值的会计资料，如纳税申报表、会计档案移交清册、会计档案保管清册、会计档案销毁清册、会计档案鉴定意见书等。

会计档案是记录会计事项、反映经济活动的重要史料和证据，是企业的重要档案，是国家档案的重要组成部分。企业应按照国家档案管理要求及财政部有关规定，加强对会计档案管理工作的领导，建立会计档案的立卷、归档、保管、查阅和销毁等管理制度，保证会计档案妥善保管、有序存放、方便查阅，严防毁损、散失和泄密。

二、会计档案的立卷归档及装订

企业在完成各项业务手续和会计核算程序后，必须按规定的立卷归档制度收集和整理会计档案资料，并装订归档。

（一）会计凭证的归档及装订

会计部门应定期对各种会计凭证分类整理，装订成册。一般说来，会计凭证每月应装订一次。装订好的会计凭证按年分月妥善保管归档。

装订会计凭证前，应当做好的准备工作主要是：

第一，分类整理会计凭证，按顺序排列，并检查日数、编号是否齐全。发现会计凭证缺号时，应及时查明原因。

第二，检查记账凭证中会计主管、记账人、复核人、制单人等有关人员的签名或者印章是否齐全。

第三，检查记账凭证是否附有必须或者必要的原始凭证。检查原始凭证纸张的大小。要将大张的原始凭证折叠成与记账凭证大小相同，并要注意避开装订线，且保持数字完整。

第四，剔除会计凭证中可能存在的大头针、订书钉、回形针等金属物。

第五，按会计凭证汇总日期（如上旬、中旬、下旬）归集，确定拟装订成册的册数。装订会计凭证时，每本厚度以1.5厘米左右为宜。

装订每本会计凭证时，应当加具封面。封面一般应用上好的牛皮纸印制，其大小应略大于记账凭证。在每本会计凭证封面上，应当填写单位名称，所属年度、月份、凭证种类、起讫号码、凭证张数等。装订线上应加贴封签，由装订人加盖骑缝章。

若记账凭证所附同一种原始凭证数量过多，也可把这些原始凭证装订成册，另行保管。对各种重要的原始凭证（如各种合同、提货单、押金收据），以及随时要查阅的单据，可编目录，单独装订保管，但都应在有关记账凭证上注明，以便查阅。

装订成册的会计凭证，应指定专人负责保管。年度终了，应交财会档案室登记归档。需要调阅会计凭证时，须经会计主管人员同意，并办理调阅手续。

（二）会计账簿的归档及装订

年终，会计部门应将已更换的各种活页账簿、卡片账簿以及必要的备查簿连同账簿使用登记表装订成册，加上封面，并统一编号，由有关人员签章，与订本账簿一并归档保管。

装订会计账簿前，首先要按账簿启用表的使用页数核对各个账户是否相符，账页数是否齐全，序号排列是否连续；之后，按会计账簿封面、账簿启用表、账户目录、该账簿按页数顺序排列的账页、封底的顺序装订。

装订会计账簿时，应做到牢固、平整，不得折角、缺角、错页、漏页，不得加夹空白账页。同时，会计账簿的封口要严密，并要加盖有关印章。在封面上，应当注明账簿名称及所属年度、编号等。编号一般一年一编。

装订活页账簿时，应保留使用过的账页，将账页数填写齐全，除去空白页，撤掉账夹，用质地上好的牛皮纸封面、封底，装订成册，并按要求填写封面。三栏式、数量金额式、多栏式等不同格式的活页账，应当按类别排序，不得混装。

（三）会计报表的装订

年终，会计部门应将全年编制的会计报表按时间先后顺序整理，装订成册，加具封面，归档保管。会计报表一般按会计报表封面、会计报表编制说明、按编号排列的各种会计报表、会计报表封底的顺序装订。

三、会计档案的保管与借阅

每年的会计凭证、账簿和会计报表由会计部门立卷或装订成册后，可在会计年度终了后一年内由会计部门暂时保管。期满后，原则上应将会计档案移交本单位档案部门保管。

会计部门在将会计档案移交本单位档案部门时，应开列清册，填写交接清单。交接人员应按会计档案移交清册和交接清单所列项目逐一清点交接。

会计档案的保管应严格执行安全和保密制度，严防毁损、散失和泄密。

在会计档案保管过程中，应遵循科学管理、便于利用的原则，充分发挥其作用。单位会计档案原则上不得借出，遇特殊情况确需借出的，必须经单位领导、会计主管人员批准，严格办理借阅审批手续和借阅登记手续。借出的会计档案，档案管理人员要按期如数及时收回。

会计档案的保管期限，根据其特点分为永久和定期两类。定期保管期限分为10年和30年。各种会计档案的保管期限如下表所示。

企业和其他组织会计档案保管期限表

序号	档案名称	保管期限	备注
一	会计凭证类		
1	原始凭证	30年	
2	记账凭证	30年	
二	会计账簿类		
3	总账	30年	
4	明细账	30年	
5	日记账	30年	
6	固定资产卡片		固定资产报废清理后保管5年
7	其他辅助性账簿	30年	
三	财务报告类		
8	月度、季度、半年度财务会计报告	10年	
9	年度财务会计报告	永久	
四	其他会计资料		
10	银行存款余额调节表	10年	
11	银行对账单	10年	
12	纳税申报表	10年	
13	会计档案移交清册	30年	
14	会计档案保管清册	永久	
15	会计档案销毁清册	永久	
16	会计档案鉴定意见书	永久	

四、会计档案的销毁

对于超过保管期限的会计档案，应按规定办理销毁申请、审批手续，不得随意销毁。即首先由本单位档案部门提出销毁申请，并填写“会计档案销毁清册”，注明会计档案的类别、名称、册数和所属时期等，报请财政部门审核批准后，由档案部门和会计部门共同派员监销，必要时由财政部门或审计部门参加监销；销毁前需由监销人员对其会计档案清点核对，销毁后需由监销人员在“会计档案销毁清册”上签章，并报本单位有关负责人。

会计档案保管期满，对其中尚未了结的债权、债务的原始凭证，应当单独抽出，另行立卷，由档案部门保管到结清债权、债务时为止。建设单位在建设期间的会计档案，一律不得销毁。

第二部分　实验项目设计

一、实验目的

本实验主要针对会计档案管理中会计档案的立卷归档及装订方法进行实验，属于认知与验证性单项实验。通过实验，使学生了解会计档案的种类，重点掌握会计凭证的装订方法和要求，增强学生动手能力、实践能力、应用能力。

二、实验操作要求

1.规范装订实验资料（一）所列万山市黔西机械加工厂2017年8月份的专用记账凭证；

2.装订实验资料（二）所列万山市沙河铸造厂2017年11月份的会计凭证、日记账、总分类账、明细分类账、会计报表（注：鉴于本实验项目的具体情况，其中日记账、总分类账、明细分类账、会计报表可采用订书钉分别装订；会计凭证应根据要求规范装订）。

三、实验资料

（一）万山市黔西机械加工厂2017年8月份的专用记账凭证，见实验2；

（二）万山市沙河铸造厂2017年11月份的会计凭证、日记账、总分类账、明细分类账，见实验6。

第三部分　模拟实验材料

装订线

凭证封面

年　　月份

自　　日至　　日

总　号	
第　册	共　册

凭证种类	起讫号数	凭证张数	附件张数	备　注
	—			
	—			
	—			
	—			
	—			

主管：　　会计：　　装订：

抽出凭证登记表

抽出日期	抽出凭证张数、号数				抽出理由	抽出人盖章	会计主管盖章	归还日期	备注
	记账凭证编号	名称	张数	金额					

装订线

凭证封面

年　　月份

自　　日至　　日

总号	
第　册	共　册

凭证种类	起讫号数	凭证张数	附件张数	备注
	—			
	—			
	—			
	—			
	—			

主管：　　会计：　　装订：

抽出凭证登记表

抽出日期	抽出凭证张数、号数				抽出理由	抽出人盖章	会计主管盖章	归还日期	备注
	记账凭证编号	名称	张数	金额					

总分类账

账簿启用及交接记录

使用单位		单位盖章
账簿名称		
账簿编号	总　　册第　　册	
启用日期	年　月　日至　年　月　日	

经管人员	主管		记账	
	姓名	盖章	姓名	盖章

交接记录	日期			监交			移交			接管		
	年	月	日	职务	姓名	盖章	职务	姓名	盖章	职务	姓名	盖章

备注	

登记账簿须知

一、启用账簿或调换记账人员时，应在“账簿启用及交接记录”内逐项填记有关事项。

二、会计账簿必须根据审核无误的记账凭证及其所附的原始凭证登记。应将会计凭证日期、编号、业务内容摘要、金额和其他有关资料逐项记入账内。登记完毕后，应在记账凭证上注“√”符号，表示已经记账。

三、登记账簿时必须使用蓝、黑墨水或碳素墨水笔书写，不得使用铅笔或圆珠笔。红色墨水笔只能按规定用途使用，如改错、冲账等。

四、账簿中的文字和数字不要写满格，一般应占格宽的二分之一。

五、登记账簿时，凡需要登记会计科目的，必须填列会计科目的名称，或者同时填列会计科目的名称和编号。不得只填 列会计科目的编号，不填列会计科目的名称。

六、各种账簿应该依照编写的页数顺序连续记载。每一账页记载完毕结转下页时，应在账页的最后一行结出合计和余额，注明“过次页”字样；同时，将合计数和余额记入下页第一行有关栏内，并注明“承前页”字样。也可以只写在下页的第一行有关栏内，并注明“承前页”字样。

七、年度终了，要把各账户的余额结转到下年，在摘要栏内注明“结转下年”字样，在下年新账第一行余额栏填写上年结转的余额，并在摘要栏注明“上年结转”字样。

八、账簿记录不得刮擦、挖抹或用褪色药水更改字迹。发生错误时，应该按照下列方法进行更正：

1.登记账簿时发生错误，应采用划线法更正，并由记账人员在更正处章盖。

2.登记账簿以后，因记账凭证填制错误而使账簿记录发生错误，应按更正的记账凭证登记账簿。

账 户 目 录

科目名称	页次	科目名称	页次	科目名称	页次	科目名称	页次

账 户 目 录

科目名称	页次	科目名称	页次	科目名称	页次	科目名称	页次

明 细 分 类 账

银行存款日记账

库存现金日记账

附录1

阿拉伯数字手写体的书写

☆阿拉伯数字手写体书写方法

在现代社会经济生活中，数字的重要性日益明显，数字的运用日益广泛。经济管理工作中使用的数字通常有两种，即中文数字和阿拉伯数字。

在会计工作中，中文数字主要适用于开具支票、发货票等有关凭证时大写金额的填写；阿拉伯数字主要适用于在会计凭证、会计账簿、财务会计报告中小写数量、单价、金额等的填写。

阿拉伯数字的字体一般可分为印刷体和手写体两种。

在会计凭证、会计账簿、财务会计报告中，除日期等少数需书写阿拉伯数字的内容以外，凡需要书写阿拉伯数字的，通常都已事先设置了专门用于书写阿拉伯数字的特定格式的格子。

为了使书写的阿拉伯数字规范、美观、大方、富有特色，阿拉伯数字手写体的书写应当注意以下事项：

第一，数码与数码之间的位置应排列均匀，做到疏密适当，切勿时疏时密。

第二，数码一般均应向右呈45~60度角倾斜，且数码与数码之间应当基本保持平行。

第三，每一数码不能占满一个格子，一般只占格子高度的二分之一或三分之二左右为宜。

第四，数码不要悬空，也不能抵格子的上线书写。

第五，数码一般应靠格子的底线书写，除“7”“9”两个数码外，其他数码不可超过格子的底线。

第六，除“6”这个数码在书写时可适当高一些外，其他数码的书写应当保持数码与数码之间的高度基本一致。

第七，要注意比较“1”“4”“6”“7”“9”这五个数码之间，“0”“6”“8”“9”这四个数码之间，“3”“8”这两个数码之间的细微差别，书写出各自的显著特色，形成书写者的明显风格，以防书写的阿拉伯数字被他人篡改。

第八，凡发生阿拉伯数字书写错误，不得采用刮擦、挖补、涂改、褪色等手段进行更改，必须采用划线更正法予以更正，即用红笔在错误的全部数字正中划一单红线，再在其上方空白处书写正确的数字，并加盖更改者印鉴或签名。

阿拉伯数字手写体的书写方法如下所示：

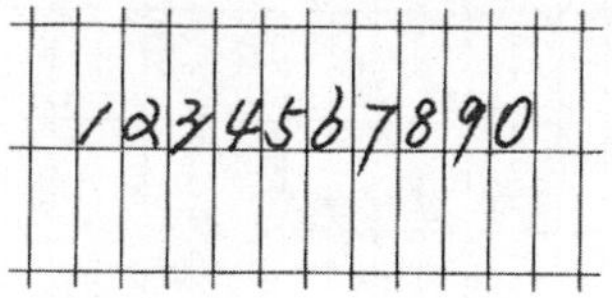

☆阿拉伯数字手写体书写练习纸

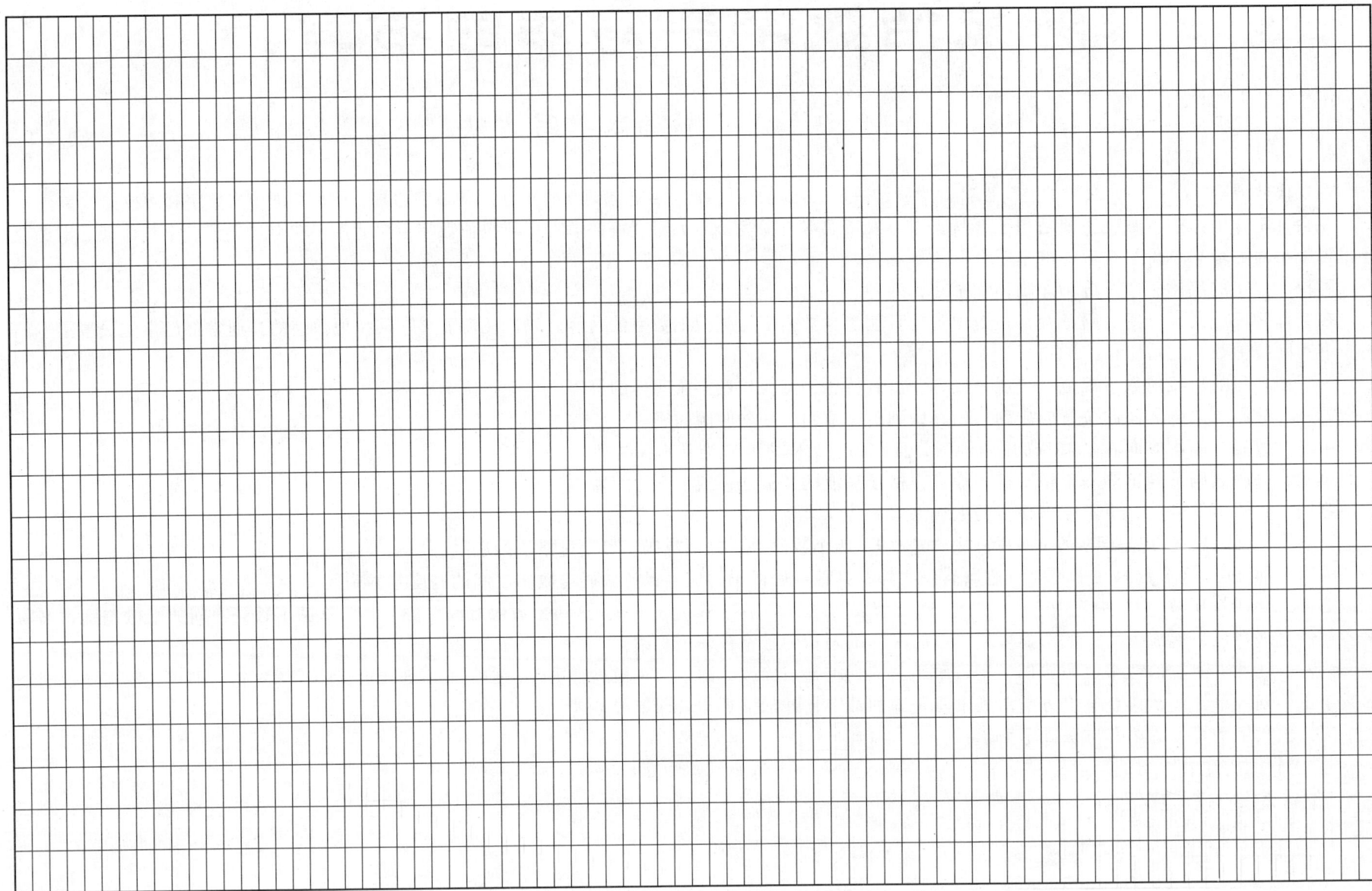

附录2

会计学原理课程实验报告单

学生姓名		专业、年级、班级	
实验课程名称	会计学原理课程实验	实验课程开课学期	学年第　学期
实验总学时		实验方式	纸质手工实验
实验场所		实验选用教材	《会计学原理课程实验》
实　验　记　录			
实验项目名称：____________		实验主要内容：	
实验项目名称：____________		实验主要内容：	
实验项目名称：____________		实验主要内容：	
实验项目名称：____________		实验主要内容：	
实验项目名称：____________		实验主要内容：	
实验项目名称：____________		实验主要内容：	
实验项目名称：____________		实验主要内容：	
实验小结（本人实验完成情况、收获、不足、体会等）			
（本栏不够填写，可转背面）			
实　验　成　绩　考　核			
实验成绩： 实验指导教师（签名）： 年　月　日			